Chekhov's Short Stories to 1880
Dual Language
Anton Pavlovich Chekhov
Tony J Richardson

Chekhov's Short Stories to 1880 – Dual Language
Copyright © JiaHu Books 2015
First Published in Great Britain in 2015 by JiaHu Books – part of
Richardson-Prachai Solutions Ltd, 34 Egerton Gate, Milton Keynes, MK5 7HH
ISBN: 978-1-78435-138-0
Conditions of sale
All rights reserved. This book or any portion thereof
may not be reproduced or used in any manner whatsoever
without the express written permission of the publisher
except for the use of brief quotations in a book review.
A CIP catalogue record for this book is available from the British Library
Visit us at: jiahubooks.co.uk

Introduction	5
Жёны артистов - Artists' Wives	6
За двумя зайцами погонишься, ни одного не поймаешь - A Bird in the Hand is Worth Two in the Bush	30
За яблочки - For a Few Apples	38
Каникулярные работы институтки Наденьки N.- Nadenka N.'s Holiday Homework	48
Мой юбилей - My Anniversary	52
Папаша - Daddy	54
Перед свадьбой - Before The Wedding	66
По-американски - It's the American Way	74
Тысяча одна страсть, или Страшная ночь - One Thousand and One Passions, or a Scary Night	78
Что чаще всего встречается в романах, повестях и т. п. - Elements Which are Most Often Found in Novels and Short Stories	84
Письмо к учёному соседу - Letter to an Educated Neighbour	65

INTRODUCTION

The reason for this introduction is almost to temper the reader's expectations before they dive into the stories below. The Chekhov represented here is by no means the confident, near-perfect craftsman who produced some of humanity's best short stories and plays. The artist presented here is a young man willing to experiment but searching for his style and voice. In a way, it can serve as inspiration for any aspiring writer that even the best are not born great, but rather achieve greatness through a relentless dedication to their craft.

NOTE

Two of the stories, *Nadenka N.'s Holiday Homework* and *Letter to an Educated Neighbour*, contain numerous errors in the original and these have been maintained in the translation.
I'd also like to thank Kate Ruban for all of her hard work and invaluable insights.

Жёны артистов

Свободнейший гражданин столичного города Лиссабона, Альфонсо Зинзага, молодой романист, столь известный... только самому себе и подающий великие надежды... тоже самому себе, утомленный целодневным хождением по бульварам и редакциям и голодный, как самая голодная собака, пришел к себе домой. Обитал он в 147 номере гостиницы, известной в одном из его романов под именем гостиницы «Ядовитого лебедя». Вошедши в 147 номер, он окинул взглядом свое коротенькое, узенькое и невысокое жилище, покрутил носом и зажег свечу, после чего взорам его представилась умилительная картина. Среди массы бумаг, книг, прошлогодних газет, ветхих стульев, сапог, халатов, кинжалов и колпаков, на маленькой, обитой сизым коленкором кушетке спала его хорошенькая жена, Амаранта. Умиленный Зинзага подошел к ней и, после некоторого размышления, дернул ее за руку. Она не просыпалась. Он дернул ее за другую руку. Она глубоко вздохнула, но не проснулась. Он похлопал ее по плечу, постукал пальцем по ее мраморному лбу, потрогал за башмак, рванул за платье, чхнул на всю гостиницу, а она... даже и не пошевельнулась.

«Вот спит-то! — подумал Зинзага. — Что за чёрт? Не приняла ли она яду? Моя неудача с последним романом могла сильно повлиять на нее...»

И Зинзага, сделав большие глаза, потряс кушетку. С Амаранты медленно сползла какая-то книга и, шелестя, шлепнулась об пол.

Artists' Wives

A free citizen of the capital city of Lisbon, Alfonso Zinzaga, a young novelist, famous (only in his own mind) and still full of hope, had finally got home. He was feeling tired after walking all day along the boulevards, dropping in on editors and was as hungry as the hungriest dog. He lived in hotel room 147 in the hotel known from one of his novels – "The Poisonous Swan." Having entered room 147, he looked around his little, narrow and low dwelling, twisted his nose and lit a candle, and then he saw a touching picture. Among the mass of papers, books, last year's newspapers, dilapidated chairs, boots, gowns, caps and daggers, his pretty wife, Amaranta, was sleeping on a small, blue-gray calico upholstered couch. Melting, Zinzaga approached her and, after a slight pause, pulled her hand. She did not wake up. He pulled her other arm. She took a deep breath, but did not wake up. He patted her on the shoulder, tapped a finger on her marble forehead, touched her shoe, pulled on her dress, and even sneezed, but she even then ... did not move.

"What a deep sleep! - Zinzaga thought. - What the hell? Has she taken some poison? My failure with the last novel could greatly affect her..."

And Zinzaga, his eyes open wide, shook the couch. A book slowly slipped from Amaranta's body, rustled, and plopped on the floor.

Романист поднял книгу, раскрыл ее, взглянул и побледнел. Это была не какая-то и отнюдь не какая-нибудь книга, а его последний роман, напечатанный на средства графа дон Барабанта-Алимонда, — роман «Колесование в Санкт-Московске сорока четырех двадцатиженцев», роман, как видите, из русской, значит самой интересной жизни — и вдруг...

— Она уснула, читая мой роман!?! — прошептал Зинзага. — Какое неуважение к изданию графа Барабанта-Алимонда и к трудам Альфонсо Зинзаги, давшего ей славное имя Зинзаги!

— Женщина! — гаркнул Зинзага во всё свое португальское горло и стукнул кулаком о край кушетки.

Амаранта глубоко вздохнула, открыла свои черные глаза и улыбнулась.

— Это ты, Альфонсо? — сказала она, протягивая руки.

— Да, это я!.. Ты спишь? Ты... спишь?.. — забормотал Альфонсо, садясь на дрябло-хилый стул. — Что ты делала перед тем, как уснула?

— Ходила к матери просить денег.

— А потом?

— Читала твой роман.

— И уснула? Говори! И уснула?

— И уснула... Ну, чего сердишься, Альфонсо?

— Я не сержусь, но мне кажется оскорбительным, что ты так легкомысленно относишься к тому, что если еще и не дало, то даст мне славу! Ты уснула, потому что читала мой роман! Я так понимаю этот сон!

— Полно, Альфонсо! Твой роман я читала с большим наслаждением... Я приковалась к твоему роману. Я... я... Меня особенно поразила сцена, где молодой писатель, Альфонсо Зензега, застреливается из пистолета...

— Эта сцена не из этого романа, а из «Тысячи огней»!

— Да? Так какая же сцена поразила меня в этом романе? Ах, да... Я плакала на том месте, где русский маркиз Иван Иванович бросается из ее окна в реку... реку... Волгу.

— Ааааа... Гм!

— И утопает, благословляя виконтессу Ксению Петровну... Я была поражена...

— Почему же ты уснула, если была поражена?

— Мне так хотелось спать! Я ведь всю ночь прошлую не спала. Всю ночь напролет ты был так мил, что читал мне свой новый, хороший роман,

The novelist picked it up, opened it, and turned pale. It was not any book, but his latest novel, printed at the expense of the Count Don Barabanta-Alimonda. The novel was named "Breaking on the Wheel of Forty-Four Men Married to Twenty Wives in St. Moskovsk*", as you can see from the Russian, a very interesting tale, and suddenly...

- Did she fall asleep reading my novel!?! - whispered Zinzaga. - What kind of contempt to the publication of the Count Barabanta-Alimonda and to the works of Alfonso Zinzaga, who gave her a glorious name of Zinzaga!

- Woman! - barked Zinzaga from the depths of his Portuguese throat and banged his fist on the edge of the couch.

Amaranta took a deep breath, opened her black eyes and smiled.

- Is that you, Alfonso? - she said, stretching her hands.
- Yes, that was me!.. Are you sleeping?... Are you sleeping?.. - Alfonso muttered, sitting on the frail chair. - What were you doing when you fell asleep?
- I went to my mother to ask for money.
- And then?
- Read your novel.
- And did you fall asleep? Just say! Did you?
- And fell asleep ... Well, why are you angry, Alfonso?
- I am not angry, but I think it is offensive that you are so insensitive to to the one thing that could make me famous! You fell asleep because you were reading my novel!
- Come on, Alfonso! I was enjoying reading your novel... I was enchanted by your novel. I... I... I was particularly struck by the scene where a young writer, Alfonso Zenzega shot himself from a gun...
- This scene is not from this novel, but from "Thousands of Lights"!
- Yes, really? So, what was the scene that struck me in this novel? Ah, yes... I was crying on the spot where the Russian Marquis Ivan Ivanovich rushed from his window into the river... the river... Volga.
- Ahh... Hmm!
- And he drowned, blessing the Viscountess Ksenia Petrovna... I was amazed...
- Why did you fall sleep if you were so struck?
- I was so sleepy! I was up all last night. All night long you were so nice that you read me your new novel, your good novel,

---

* St. Moskovsk – an allusion to the city of St. Petersburg.

а удовольствие слушать тебя я не могла променять на сон...

— Аааа... Гм... Понимаю! Дай мне есть!

— А разве ты еще не обедал?

— Нет.

— Ты же, уходя утром, сказал мне, что будешь сегодня обедать у редактора «Лиссабонских губернских ведомостей»?

— Да, я полагал, что мое стихотворение будет помещено в этих «Ведомостях», чтобы чёрт их взял!

— Неужели же не помещено?

— Нет...

— Это несчастие! С тех пор, как я стала твоей, я всей душой ненавижу редакторов! И ты голоден?

— Голоден.

— Бедняжка Альфонсо! И денег у тебя нет?

— Гм... Что за вопрос?! Ничего нет поесть?

— Нет, мой друг! Мать меня только покормила, а денег мне не дала.

— Гм...

Стул затрещал. Зинзага поднялся и зашагал... Пошагав немного и подумав, он почувствовал сильнейшее желание во что бы то ни стало убедить себя в том, что голод есть малодушие, что человек создан для борьбы с природой, что не единым хлебом сыт будет человек, что тот не артист, кто не голоден, и т. д., и, наверное, убедил бы себя, если бы, размышляя, не вспомнил, что рядом с ним, в 148 номере «Ядовитого лебедя», обитает художник-жанрист, итальянец, Франческо Бутронца, человек талантливый, кое-кому известный и, что так немаловажно под луной, обладающий уменьем, которого никогда не знал за собой Зинзага, — ежедневно обедать.

— Пойду к нему! — решил Зинзага и отправился к соседу.

Вошедши в 148 номер, Зинзага увидел сцену, которая привела его в восторг, как романиста, и ущемила за сердце, как голодного. Надежда пообедать в обществе Франческо Бутронца канула в воду, когда романист среди рамок, подрамников, безруких манекенов, мольбертов и стульев, увешанных полинялыми костюмами всех родов и веков, усмотрел своего друга, Франческо Бутронца... Франческо Бутронца, в шляпе a la Vandic* и в костюме Петра Амьенского,

---

* ...in his hat a la Vandic... - it is a hat in the style of the Flemish painter Antoon van Dyck, 1599–1641.

and I could not fail to enjoy listening to you so I couldn't fall asleep...
- Ahh... Umm... I understand! Give me some food!
- Haven't you eaten yet?
- No.
- When you left in the morning you told me that today you would have dinner with the editor of the "Lisbon Provincial Gazette"?
- Yes, I thought my poem would be published in that "Gazette", God damn them!
- Wasn't it?
- No...
- What a shame! Since I became your wife, I have come to hate editors! Are you hungry?
- Yes.
- Poor Alfonso! And you have no money?
- Um... What is the matter?! Is there anything to eat?
- No, my dear! My mother only fed me, but she did not give me money.
- Umm...

The chair creaked. Zinzaga got up and walked around... After a bit of a walk and a quick think, he felt a strong desire to convince himself that hunger was cowardice, that man was created to deal with nature, that man should not live by bread alone, that one who was not hungry was not an artist, and so on. He would probably have convinced himself, if he had continued to try, that he did not remember that next to him, in room 148 of "The Poisonous Swan", there dwelt an Italian genre painter, Francesco Butrontsa, a talented man, famous even in certain circles. And who was so important that he had a skill that Zinzaga never knew, he could have a daily dinner.
- I will go to him! - decided Zinzaga and went to his neighbour.

Having entered room 148, Zinzaga saw a scene which led him into raptures as a novelist and impinged upon his interest of a hungry man. His hope to dine in the company of Francesco Butrontsa was long gone when the novelist saw his friend, Francesco Butrontsa, among frames, stretchers, armless mannequins, easels and chairs, hung with faded costumes of all sorts and ages... Francesco Butrontsa in his hat a la Vandic and in a suit of Peter of Amiens* was

---

* Peter of Amiens – Petrus Eremita, about 1050–1115, he was a French monk, one of the inspirers of the First Crusade.

стоял на табурете, неистово махал муштабелем и гремел. Он был более чем ужасен. Одна нога его стояла на табурете, другая на столе. Лицо его горело, глаза блестели, эспаньолка дрожала, волосы его стояли дыбом и каждую минуту, казалось, готовы были поднять его шляпу на воздух. В углу, прижавшись к статуе, изображающей безрукого, безносого, с большим угловатым отверстием на груди Аполлона, стояла жена горячего Франческо Бутронца, немочка Каролина, и с ужасом смотрела на лампу. Она была бледна и дрожала всем телом.

— Варвары! — гремел Бутронца. — Вы не любите, а душите искусство, чтобы чёрт вас взял! И я мог жениться на тебе, немецкая холодная кровь?! И я мог, глупец, свободного, как ветер, человека, орла, серну, одним словом, артиста, привязать к этому куску льда, сотканному из предрассудков и мелочей... Diablo!!! Ты — лед! Ты — деревянная, каменная говядина! Ты... ты дура! Плачь, несчастная, переваренная немецкая колбаса! Муж твой — артист, а не торгаш! Плачь, пивная бутылка! Это вы, Зинзага? Не уходите! Подождите! Я рад, что вы пришли... Посмотрите на эту женщину!

И Бутронца левой ногой указал на Каролину. Каролина заплакала.

— Полноте! — начал Зинзага. — Что вы ссоритесь, дон Бутронца? Что сделала вам донна Бутронца? Зачем вы доводите ее до слез? Вспомните вашу великую родину, дон Бутронца, вашу родину, страну, в которой поклонение красоте тесно связано с поклонением женщине! Вспомните!

— Я возмущен! — закричал Бутронца. — Вы войдите в мое положение! Я, как вам известно, принялся по предложению графа Барабанта-Алимонда за грандиозную картину... Граф просил меня изобразить ветхозаветную Сусанну*... Я прошу ее, вот эту толстую немку, раздеться и стать мне на натуру, прошу с самого утра, ползаю на коленях, выхожу из себя, а она не хочет! Вы войдите в мое положение! Могу ли я писать без натуры?

— Я не могу! — зарыдала Каролина. — Ведь это неприлично!

— Видите? Видите? Это — оправдание, чёрт возьми?

— Я не могу! Честное слово, не могу! Велит мне раздеться да еще стать у окошка...

— Мне так нужно! Я хочу изобразить Сусанну при лунном свете!

---

* Susanna was a good wife who was lusted after by old men who saw her bathing; she was saved by the prophet Daniel.

standing on a stool, frantically waving his maulstick* and shouting. He looked more than terrible. One of his legs was standing on a stool, another one was on the table. His face was flushed, his eyes were sparkling, his goatee was trembling, his hair was standing on end and every minute it seemed to be ready to raise his hat into the air. In the corner, clinging to the statue depicting armless, noseless Apollo, with a large angular aperture on the breast, stood the wife of hot-tempered Francesco Butrontsa, a German lady Carolina, who looked at the scene with horror. She was pale and trembling all over.

- Barbarians! - thundered Butrontsa. - You do not love art but stifle it, God damn you! And how could I marry you, a cold-blooded German?! And how could I, a foolish man, tie a person free as the wind, an eagle, namely, an artist to this piece of ice woven from prejudice and details... Diablo!!! You are a piece of ice! You are a wooden, stony cow! You... you are a fool! Weep, you, an unhappy, overcooked German sausage! Your husband is an artist, not a shopkeeper! Cry, go on! Is that you, Zinzaga? Do not go away! Wait a minute! I am glad that you have come ... Look at this woman!

Butrontsa pointed to Carolina with his left foot. Carolina began to cry.

- Calm down! - started Zinzaga. - Why are you quarrelling, Don Butrontsa? What has Donna Butrontsa done to you? Why have you reduced her to tears? Remember your great home, Don Butrontsa, your homeland, the country in which the worship of beauty is closely connected with the worship of a woman! Remember!

- I am outraged! - shouted Butrontsa. - You should put yourself in my shoes! As you know, I began to paint at the suggestion of the Count Barabanta-Alimonda... The Count asked me to portray Susanna from the Old Testament ... I ask her, this thick German woman, to undress and become my model. I have been asking since morning, crawling on my knees, begging and she still does not want to! You should put yourself in my shoes! Can I paint without a model?

- I cannot! - sobbed Carolina. – It is indecent!

- You see? Do you see? This is her excuse. God damn it?

- I cannot! Honestly, I cannot! He tells me to undress and stand at the window...

- I need this! I want to portray Susanna in the moonlight!

---

* a wooden stick which holds a painter's hand while working over small details of the picture.

Лунный свет падает ей на грудь... Свет от факелов сбежавшихся фарисеев бьет ей в спину... Игра цветов! Я не могу иначе!

— Ради искусства, донна, — сказал Зинзага, — вы должны забыть не только стыдливость, но и все... чувства!..

— Не могу же я пересилить себя, дон Зинзага! Не могу же я стать у окна напоказ!

— Напоказ... Право, можно подумать, донна Бутронца, что вы боитесь глаз толпы, которая, так сказать, если смотреть на нее... Точка зрения искусства и разума, донна... такова, что...

И Зинзага сказал что-то такое, чего умному человеку нельзя ни в сказке сказать, ни пером написать, — что-то весьма приличное, но крайне непонятное.

Каролина замахала руками и забегала по комнате, как бы боясь, чтобы ее насильно не раздели.

— Я мою его кисти, палитры и тряпки, я пачкаю свои платья о его картины, я хожу на уроки, чтобы прокормить его, я шью для него костюмы, я выношу запах конопляного масла, стою по целым дням на натуре, всё делаю, но... голой? голой? — не могу!!!

— Я разведусь с тобой, рыжеволосая гарпигия! — крикнул Бутронца.

— Куда же мне деваться? — ахнула Каролина. — Дай мне денег, чтобы я могла доехать до Берлина, откуда ты увез меня, тогда и разводись!

— Хорошо! Кончу Сусанну и отправлю тебя в твою Пруссию, страну тараканов, испорченных колбас и трихины! — крикнул Бутронца, незаметно для самого себя толкая локтем в грудь Зинзагу. — Ты не можешь быть моей женой, если не можешь жертвовать собою для искусства! Вввв... Ррр... Диабло!

Каролина зарыдала, ухватилась за голову и опустилась на стул.

— Что ты делаешь? — заорал Бутронца. — Ты села на мою палитру!!

Каролина поднялась. Под ней действительно была палитра со свежеразведенными красками... О, боги! Зачем я не художник? Будь я художником, я дал бы Португалии великую картину! Зинзага махнул рукой и выскочил из 148 номера, радуясь, что он не художник, и скорбя всем сердцем, что он романист, которому не удалось пообедать у художника.

У дверей 147 номера его встретила бледная, встревоженная, дрожащая жилица 113 номера, жена будущего артиста королевских театров, Петра Петрученца-Петрурио.

— Что с вами? — спросил ее Зинзага.

The moonlight falls on her chest... The light from the flames of coming Pharisees strikes her back... The play of colours! I cannot do it in a different way!

- For the sake of art, Donna - said Zinzaga - you have to forget not only embarrassment, but also all... the feelings!..

- I cannot force myself, Don Zinzaga! I cannot display myself at the window!

- Display... Right, I could almost think, Donna Butrontsa, that you are afraid of the eyes of the crowd, who, so to say, if you look at them... In terms of art and intellect, Donna... are such that...

And Zinzaga told something what an intelligent person couldn't tell in a story or write with a pen, something very decent, but very misleading.

Carolina waved her hands and began to run around the room, as if she had been afraid to be forcibly undressed.

- I wash his brushes, palettes and rags. My dresses get dirty due to his paintings. I go to classes to feed him. I sew costumes for him. I stand the smell of hemp oil. I pose as a model for hours. I do everything, but ... naked? Naked? - I cannot !!!

- I will get divorced, you redhead harpy! - shouted Butrontsa.

- Where would I go? - gasped Carolina. - Give me enough money to get to Berlin, where you took me from, then get divorced!

- Okay! I will finish this Susanna piece and send you to your Prussia, the country of cockroaches, spoiled sausages and roundworm! - shouted Butrontsa, quietly pushing Zinzaga's chest with his elbow. - You cannot be my wife, if you cannot sacrifice yourself for the sake of art! Rrrrr... Diablo!

Caroline sobbed and sat down with her head in her hands.

- What are you doing? - yelled Butrontsa. - You sat down on my palette!!

Carolina stood up. There was a real palette with freshly thinned paints under her... Oh, God! Why am I not an artist? If I were a painter, I would give Portugal a great picture! Zinzaga waved with his hand and jumped out of room 148. He was glad that he was not an artist and grieved with all his heart that he was a novelist who failed to dine at the artist's table.

At the door of room 147 he met the pale, anxious and trembling lodger of room 113, the wife of the future actor of royal theatres, Peter Petruchentsa-Petrurio.

- What's going on? - Zinzaga asked her.

— Ах, дон Зинзага! У нас несчастье! Что мне делать? Мой Петр ушибся!

— Как ушибся?

— Учился падать и ударился виском о сундук.

— Несчастный!

— Он умирает! Что мне делать?

— К доктору, донна!

— Но он не хочет доктора! Он не верит в медицину и к тому же... он всем докторам должен.

— В таком случае сходите в аптеку и купите свинцовой примочки*. Эта примочка очень помогает при ушибах.

— А сколько стоит эта примочка?

— Дешево, очень дешево, донна.

— Благодарю вас. Вы всегда были хорошим другом моего Петра! У нас осталось еще немного денег, которые выручил он на любительском спектакле у графа Барабанта-Алимонда... Не знаю, хватит ли?.. Вы... вы не можете дать немного взаймы на эту оловянную примочку?

— Свинцовую, донна.

— Мы вам скоро отдадим.

— Не могу, донна. Я истратил свои последние деньги на покупку трех стоп бумаги.

— Прощайте!

— Будьте здоровы! — сказал Зинзага и поклонился.

Не успела отойти от него жена будущего артиста королевских театров, как он увидел пред собою жилицу 101 номера, супругу опереточного певца, будущего португальского Оффенбаха, виолончелиста и флейтиста Фердинанда Лай.

— Что вам угодно? — спросил он ее.

— Дон Зинзага, — сказала супруга певца и музыканта, ломая руки, — будьте так любезны, уймите моего буяна! Вы друг его... Может быть, вам удастся остановить его. С самого утра бессовестный человек дерет горло и своим пением жить мне не дает! Ребенку спать нельзя, а меня он просто на клочки рвет своим баритоном! Ради бога, дон Зинзага! Мне соседей даже стыдно за него... Верите ли? И соседские дети не спят по его милости. Пойдемте, пожалуйста! Может быть, вам удастся унять его как-нибудь.

— К вашим услугам, донна!

---

* Lead acetate solution was used for bruises, inflammation of the skin and so on.

- Oh, Don Zinzaga! We have been so unlucky! What should I do? My Peter has hurt himself!
- How did it happen?
- He was learning how to fall down and hit his temple against the chest of drawers.
- Oh, what a miserable man!
- He is dying! What should I do?
- Go to the doctor, Donna!
- But he does not want to see any doctor! He does not believe in medicine and besides... he owes money to all the doctors.
- If that's the case, go to the chemist's and buy a lead lotion. It's really good if you have a bruise.
- And how much is this lotion?
- Cheap, very cheap, Donna.
- Thank you. You have always been a good friend of my Peter! We still have a little money, which he earned at an amateur performance at the Count Barabanta-Alimonda... I do not know, if it will be enough!.. You... could you lend me some money for this tin lotion?
- Lead lotion, Donna.
- We will give you back very soon.
- I cannot, Donna. I have spent my last money on three reams of paper.
- Good-bye!
- God bless you! - Zinzaga said and bowed.

Hardly had the wife of the future actor of royal theatres left him, he saw the wife of an operetta singer, the future Portuguese Offenbach[*], a cellist and a flutist, Ferdinand Lai, who lived in room 101.
- How can I help you? - He asked her.
- Don Zinzaga, - said the wife of a singer and a musician, wringing her hands, - be so kind as to bring my spouse under control! You are his friend... Maybe, you will be able to stop him. Since morning this unscrupulous man has been exercising his vocal cords, and his singing is really getting on my nerves! The little one cannot fall asleep. He's just ripping me to shreds with his baritone! For God's sake, Don Zinzaga! I am even shy of the neighbours... Can you believe it? And even the neighbours' kids can't get to sleep. Come on, please! Maybe, you will be able to calm him down... somehow...
- I am at your service, Donna!

---

[*] Jacques Offenbach (1819-1880) - a famous composer, the father of operetta, who was extremely popular in the Russia of Chekhov's time.

Зинзага подал жене певца и музыканта руку и отправился в 101 номер. В 101 номере между кроватью, занимающею половину, и колыбелью, занимающею четверть номера, стоял пюпитр. На пюпитре лежали пожелтевшие ноты, а в ноты глядел будущий португальский Оффенбах и пел. Трудно было сразу понять, что и как он пел. Только по вспотевшему, красному лицу его и по впечатлению, которое производил он на свои и чужие уши, можно было догадаться, что он пел и ужасно, и мучительно, и с остервенением. Видно было, что он пел и в то же время страдал. Он отбивал правой ногой и кулаком такт, причем поднимал высоко руку и ногу, постоянно сбивал с пюпитра ноты, вытягивал шею, щурил глаза, кривил рот, бил кулаком себя по животу... В колыбели лежал маленький человечек, который криком, визгом и писком аккомпанировал своему расходившемуся папаше.

— Дон Лай, не пора ли вам отдохнуть? — спросил Лая вошедший Зинзага.

Лай не слышал.

— Дон Лай, не пора ли вам отдохнуть? — повторил Зинзага.

— Уберите его отсюда! — пропел Лай и указал подбородком на колыбель.

— Что это вы разучиваете? — спросил Зинзага, стараясь перекричать Лая. — Что вы разу-чи-ва-ете?

Лай поперхнулся, замолк и уставил глаза на Зинзагу.

— Вам что угодно? — спросил он.

— Мне? Гм... Я... то есть... не пора ли вам отдохнуть?

— А вам какое дело?

— Но вы утомились, дон Лай! Что это вы разучиваете?

— Кантату, посвященную ее сиятельству графине Барабанта-Алимонда. Впрочем, вам какое дело?

— Но уже ночь... Пора, некоторым образом, спать...

— Я должен петь до десяти часов завтрашнего утра. Сон нам ничего не даст. Пусть спят те, кому угодно, а я для блага Португалии, а может быть и всего света, не должен спать.

— Но, мой друг, — вмешалась жена, — мне и ребенку нашему хочется спать! Ты так громко кричишь, что нет возможности не только спать, но даже сидеть в комнате!

— Коли захочешь, так заснешь!

Сказавши это, Лай ударил ногой такт и запел.

Zinzaga offered his hand to the singer and musician's wife and went to number 101. In room 101 there was a lectern standing between the bed, occupying half a size of the room, and the cradle, occupying a quarter of the room. There were yellowed notes on the lectern. The future Portuguese Offenbach looked at them and sang. It was hard to understand at once that he was singing. Only his sweaty, red face and the impression which he made on his own and other people's ears could allow other to guess that he was singing - terribly and painfully and in a frenzy manner. It was evident that he was singing and at the same time suffering. He was beating time with his right foot and fist, raising his arm and leg up high, constantly beating down the music from the lectern, craning his neck, screwing up his eyes, curving his mouth and beating his stomach with the fist... In the cradle there was a baby boy, who was crying, squealing and squeaking, accompanying his crazed daddy.

- Don Lai, would you like to relax? - Zinzaga asked Lai as he entered.

Lai did not hear him.

- Don Lai, would you like to relax? - repeated Zinzaga.

- Get him out of here! - Lai sang and pointed to the cradle with his chin.

- What are you practising? - Zinzaga asked, trying to outshout Lai. - What are you prac-tis-ing?

Lai choked, paused and stared at Zinzaga.

- What do you want? - he asked.

- Actually? Well... I ... I mean... would you like to have a break?

- What is it to you?

- But you're tired, Don Lai! What are you practising?

- A cantata dedicated to Her Excellency Countess Barabanta-Alimonda. But what is that to you?

- But it is night... It is time, to fall asleep...somehow...

- I have to sing until ten o'clock tomorrow morning. Sleep will not bring us anything. Let those sleep who want. I, for the benefit of Portugal and perhaps for the whole world, shall not sleep.

- But, darling – interrupted his wife – me and our baby want to sleep! You are screaming so loudly that not only it is impossible to sleep, but even to sit in the room!

- If you really want, you will fall asleep!

Having said this, Lai beat out the time with his foot and started to sing.

Зинзага заткнул уши и как сумасшедший выскочил из 101 номера. Пришедши в свой номер, он увидел умилительную картину. Его Амаранта сидела за столом и переписывала начисто одну из его повестей. Из ее больших глаз капали на черновую тетрадку крупные слезы.

— Амаранта! — крикнул он, хватая жену за руку. — Неужели жалкий герой моей жалкой повести мог тронуть тебя до слез? Неужели, Амаранта?

— Нет, я плачу не над твоим героем...

— Чего же? — спросил разочарованный Зинзага.

— Моя подруга, жена твоего друга-скульптора, Софья Фердрабантеро-Неракруц-Розга, разбила статую, которую готовил ее муж для поднесения графу Барабанта-Алимонда, и... не перенесла горя мужа... Отравилась спичками!

— Несчастная... статуя! О, жены, чтобы чёрт вас взял, вместе с вашими всесцепляющими шлейфами! Она отравилась? Чёрт возьми, тема для романа!!! Впрочем, мелка!.. Всё смертно на этом свете, мой друг... Не сегодня, так завтра, не завтра, так послезавтра, твоя подруга, всё одно, должна была умереть... Утри свои слезы и лучше, чем плакать, выслушай меня...

— Тема для нового романа? — спросила тихо Амаранта.

— Да...

— Не лучше ли будет, мой друг, если я выслушаю тебя завтра утром? Утром мозги свежей как-то...

— Нет, сегодня выслушай. Завтра мне будет некогда. Приехал в Лиссабон русский писатель Державин, и мне нужно будет завтра утром сделать ему визит. Он приехал вместе с твоим любимым... к сожалению, любимым, Виктором Гюго.

— Да?

— Да... Выслушай же меня!

Зинзага сел против Амаранты, откинул назад голову и начал:

— Место действия весь свет... Португалия, Испания, Франция, Россия, Бразилия и т. д. Герой в Лиссабоне узнаёт из газет о несчастии с героиней в Нью-Йорке. Едет. Его хватают пираты, подкупленные агентами Бисмарка. Героиня — агент Франции. В газетах намеки... Англичане. Секта поляков в Австрии и цыган в Индии. Интриги. Герой в тюрьме. Его хотят подкупить. Понимаешь? Далее...

Зинзага говорил увлекательно, горячо, махая руками, сверкая глазами... говорил долго, долго... ужасно долго!

Zinzaga stuffed his fingers into his ears and jumped out of room 101. When he came to his room, he saw a touching picture. His Amaranta was sitting at the table and making a fair copy of his novels. Huge tears were dripping onto the draft copy from her large eyes.

- Amaranta! - he shouted, clutching his wife's hand. – is it possible that a miserable hero of my pathetic novel could move you to tears? Is it possible, Amaranta?

- No, I am crying not over your hero...

- What is it? - asked Zinzaga disappointedly.

- My friend, the wife of your friend, the sculptor, Sophia Ferdrabantero-Nerakruts-Rozga, broke the statue which her husband had prepared for Count Barabanta-Alimonda, and... she could not live with the guilt... she poisoned herself with the phosphorus from some matches!

- Miserable... a statue! Oh, wives, God damn you with your constantly grasping talons! Did she poisoned herself? Damn, a plot for a novel!!! However, she is miserable!.. Everything is mortal in this world, my dear... any day now your friend was going to die ... Wipe your tears and better listen to me...

- A plot for a new novel? - asked Amaranta quietly.

- Yes...

- Can I listen to you tomorrow morning, my darling? In the morning my brain work better, somehow...

- No, you'll listen today. Tomorrow I will not have enough time. The Russian writer Derzhavin has arrived in Lisbon and I have to pay him a visit tomorrow. He came along with your favourite, unfortunately, Victor Hugo.

- Really?

- Yes...Listen to me!

Zinzaga sat against Amaranta, threw back his head and began:

- The scene is the whole world... Portugal, Spain, France, Russia, Brazil and so on. The hero in Lisbon learns from the newspapers about some accident with the heroine in New York. He goes. Pirates bribed by agents of Bismarck catch him. The heroine is an agent of France - it is rumoured in newspapers. The British. The sects of Poles and Gypsy in Austria and India. Underhand dealing. The hero is imprisoned. They want to bribe him. Do you understand? Then...

Zinzaga spoke excitingly, hotly, waving his hands, his eyes were flashing... he spoke for a long, long time ... an awfully long time!

Амаранта два раза засыпала и два раза просыпалась, на улицах потушили фонари и взошло солнце, а он всё говорил. Пробило шесть часов, желудок Амаранты ущемила тоска по утреннем чае, а он всё говорил.

— Бисмарк подает в отставку, и герой, не желая долее скрывать своего имени, называет себя Альфонсо Зунзуга и умирает в страшных муках. Тихий ангел уносит в голубое небо его тихую душу...

Так кончил Зинзага, когда пробило семь часов.

— Ну? — спросил он Амаранту. — Что скажешь? Не находишь ли ты, что сцену между Альфонсо и Марией не пропустит цензура? А?

— Нет, сценка мила!

— Вообще хорошо? Ты говори откровенно. Ты женщина, а большинство моих читателей — женщины, потому мне необходимо знать твое мнение.

— Как тебе сказать? Мне кажется, что я твоего героя где-то уже встречала, не помню только, где именно...

— Не может быть!

— Право. С твоим героем я встречалась в одном романе, и, надо тебе сказать, в глупейшем романе! Когда читала этот роман, я удивлялась, как это могут печатать подобную чушь, а когда прочла его, то решила, что автор должен быть, по меньшей мере, глуп как пробка... Чушь печатают, а тебя мало печатают. Удивительно!

— Не припомнишь ли хотя название этого романа?

— Названия не помню, но имя героя помню. Это имя врезалось мне в память, потому что имеет в себе четыре «р» подряд... Глупое имя... Карррро!

— Не в романе ли «Сомнамбула среди океана»?

— Да, да, да, в этом самом. Как хорошо ты помнишь нашу литературу! В этом самом... Твой герой очень похож на Каррррро, но твой, разумеется, умней. Что с тобой, Альфонсо?

Альфонсо вскочил.

— «Сомнамбула среди океана» — мой роман!!! — крикнул он.

Амаранта покраснела.

— Значит, это мой роман глупейший, мой? — крикнул он так громко, что даже у Амаранты заболело горло. — Ах, ты, безмозглая утка! Так-то вы, сударыня, смотрите на мои произведения? Так-то, ослица? Проговорились? Больше меня уж вы не увидите! Прощайте! Гм... бррр... идиотка! Мой роман глупейший?! Граф Барабанта-Алимонда знал, что издавал!

Amaranta twice fell asleep and woke up twice, the lights were put out in the streets and the sun rose, but he kept on talking. The clock struck six. Amaranta's stomach longed for some morning tea, but he kept on talking.

- Bismarck resigns, and the hero, no more willing to hide his name, calls himself Alfonso Zunzuga and dies in terrible pain. A peaceful angel carries his placid soul into the blue sky...

So, Zinzaga finished when the clock struck seven.

- Well? - He asked Amaranta. - What do you say? Do you think that the scene between Alfonso and Maria will be censored? Huh?
- No, it's a sweet scene!
- What so you think of the novel as a whole - generally good? Be honest. You are a woman, and the majority of my readers are women, so, I need to know your opinion.
- What should I say? I think that I have already met your hero somewhere, but I do not remember exactly where...
- It cannot be true!
- Got it! I have met your hero in one novel and I must tell you that was a silly novel! When I was reading that novel, I was wondering how such nonsense could be published, but when I finished reading it, I decided that the author must be, at least, as stupid as a coot... That nonsense gets published but your works are hardly published at all. It is amazing!
- Do you remember the title of this novel?
- I do not remember the title, but I remember the name of the hero. This name has sunk into my mind as it has four "r" in a row... stupid name... Karrrro!
- Was it not in the novel "Sleep Walkers at Sea"?
- Yes, yes, yes, in this very novel. How well you remember your literature! In this very novel... Your character is very similar to Karrrro, but yours, of course, is smarter. What is the matter with you, Alfonso?

Alfonso jumped.

- "Sleep Walkers at Sea" is my novel!!! - he shouted.

Amaranta turned red.

- So, this is my novel which is so stupid is one of mine? - he shouted so loudly that even Amaranta's throat got sore. - Oh, you brainless duck! That is the way, you, madam, look at my work? Go on, admit it! You will not see me any more! Farewell! Hum... ugh... idiot! Is my novel the most ridiculous?! Even though Count Barabanta-Alimonda has been published!

Бросив презрительный взгляд на жену, Зинзага нахлобучил на глаза шляпу, хлопнул дверью и вышел из 147 номера.

Амаранта вздохнула, но не заплакала и в обморок не упала. Она знала, что Альфонсо Зинзага воротится в 147 номер, как бы сильно ни был сердит. Оставить навсегда 147 номер для романиста значит то же самое, что начать жить, а следовательно, и писать и иметь даровую переписчицу на лиссабонских бульварах, под голубым португальским небом. Это знала Амаранта и не сильно волновалась по уходе супруга. Она только вздохнула и принялась утешать себя. Обыкновенно после частых ссор с мужем она утешала себя чтением старого газетного листка, который хранился у нее в жестяной коробочке из-под монпансье, рядом с крошечной бутылочкой из-под духов. Старый газетный листок между объявлениями, телеграммами, политикой, хроникой и другими рук человеческих делами заключал в себе перл, известный в газетах под именем смеси. В этой смеси, под рассказом о том, как американец перехитрил американца и как известная певица мисс Дубадолла Свист съела бочку устриц и прошла, не замочив ботинок, Анды, помещался рассказец, весьма годный для утешения Амаранты и других жен артистов. Привожу дословно этот рассказ:

«Вниманию португальцев и их дочерей. В одном из городов Америки, открытой Христофором Колумбом, человеком крайне энергичным и отважным, жил-был себе доктор Таннер. Этот Таннер был более артистом в своем роде, чем ученым, а потому известен земному шару и Португалии не как ученый, а как артист в своем роде. Будучи американцем, он в то же самое время был и человеком, а если он был человеком, то рано или поздно он должен был влюбиться, что и сделал он однажды. Влюбился он в одну прекрасную американку, влюбился до безумия, как артист, влюбился до того, что однажды вместо aquae distillatae* прописал argentum nitricum, — влюбился, предложил руку и женился. Жил он с прекрасной американкой на первых порах весьма счастливо, так счастливо, что медовый месяц тянулся, вопреки естеству этого месяца, не месяц, а шесть месяцев. Нет сомнения, что Таннер, будучи человеком ученым, а следовательно, и самым уживчивым, прожил бы с женой счастливо до самой могилы, если бы не усмотрел за нею одного страшного порока. Порок madame Таннер заключался в том, что она ела по-человечески. Этот порок жены кольнул Таннера в самое сердце. «Я перевоспитаю ее!» — задал он себе задачу и начал развивать m-me Таннер.

---

*Distilled waters – a volatile oil used as medicine in the 19th century.

Throwing a scornful glance at his wife, Zinzaga stuffed his hat on, slammed the door and walked out of room 147.

Amaranta sighed, but she did not cry or faint. She knew that Alfonso Zinzaga would come back to number 147, no matter how angry he was. Leaving room 147 was, for the novelist, like a new beginning, as he saw the opportunity to write and edit on the Lisbon boulevards under the blue Portuguese sky. Amaranta knew this folly and so did not worry much about her husband leaving. She just sighed and began to calm herself. Usually after the frequent rows with her husband, she consoled herself by reading an old newspaper sheet that was stored in her tin box of fruit drops, next to a tiny bottle of perfume. This old piece of newspaper, among the advertisements, telegrams, politics, chronicles and other works produced by human hands, contained a gem, known as a "recipe" in newspapers. In this recipe there was a story quite suitable for Amaranta and other female artists to console themselves. It was under a story about one American who outsmarted another American and a famous singer, Miss Dubadolla Whistle, who ate a barrel of oysters and crossed the Andes without wetting her shoes. I am quoting this story word for word:

"For the attention of the Portuguese and their daughters. In one of the cities of America which was discovered by the energetic and brave Christopher Columbus, there lived Dr. Tanner. This Tanner was more of a kind of an artist than a scientist and therefore he was known in the world and Portugal not as a scholar but as an artist in his own way. Being American, at the same time he was also a man, and if he was a man, sooner or later he had to fall in love. And that he did. He fell in love with a beautiful American woman; he was madly in love, as only artists can. He was so attracted to her that one day instead of prescribing aquae distillatae he prescribed argentum nitricum[*]. So, he fell in love, proposed and got married. At first he lived with this beautiful American lady very happily, so happily that the honeymoon lasted, despite the nature of this holiday, not a month, but six months. There is no doubt that Tanner being a scientist and consequently the most accommodating person would have lived happily with his wife up to the grave, if it had not been for her terrible vice. Madame Tanner's vice was that she ate like a pig. This defect pained Tanner's immensely. "I will re-educate her!" - he set to this task and began to train Mrs Tanner.

---

[*] Silver nitrate – traditionally used to make an antiseptic solution.

Сперва отучил он ее завтракать и ужинать, потом чай пить. Через год после свадьбы m-me Таннер приготовляла к обеду уже не четыре, а только одно блюдо, через два же года после подписания свадебного контракта она умела уже довольствоваться баснословным количеством пищи.

А именно, в одни сутки поедала и выпивала она следующее количество питательных веществ:

1 gr. солей

5 gr. белковых веществ

2 gr. жира

7 gr. воды (дистиллированной)

1/23 gr. венгерского вина.

Итого 151/23 гран.

Газов мы не считаем, потому что наука еще не в состоянии точно определять количеств потребляемых нами газов. Таннер торжествовал, но недолго. На четвертый год его брачной жизни его начала терзать мысль, что m-me Таннер поедает много белковых веществ. Он еще с большей энергией принялся за дрессировку и, пожалуй, достиг бы сокращения 5 гран до одного или нуля, если бы не почувствовал, что он разлюбил свою жену. Будучи эстетиком, он не мог не разлюбить своей жены. M-me Таннер, вместо того, чтобы до глубокой старости быть американской красавицей, вздумала ни с того ни с сего обратиться в подобие американской щепки, лишиться своих прекрасных форм и умственных способностей, чем и показала, что она хотя и годится еще для дальнейших дрессировок, но стала уже совершенно негодной для супружеской жизни. D-r Таннер потребовал развода. Явились в его дом ученые эксперты, осмотрели со всех сторон m-me Таннер, посоветовали ей ехать на воды, делать гимнастику, прописали ей диету и нашли требование своего уважаемого коллеги вполне законным. D-r Таннер дал своим коллегам-экспертам по доллару, угостил их хорошим завтраком и... с этих пор Таннер живет в одном месте, а жена его в другом. Печальная история! Женщины, как часто вы бываете причиною несчастий великих людей! Женщины, не вы ли виновницы того, что великие люди очень часто не оставляют после себя потомства? Португальцы, на вашей совести лежит воспитание ваших дочерей! Не делайте из ваших дочерей разорительниц домашних очагов и гнезд!! Мы кончили. Завтрашний номер, по случаю дня рождения редактора, не выйдет. Португальцы! Кто из вас не внес подписных денег сполна, тот пусть поспешит доплатить!»

— Бедная m-me Таннер! — прошептала Амаранта, пробежав этот

First, he weaned her off breakfast and lunch, and then, finally, dinner. A year after the wedding Mrs Tanner prepared just one dish for dinner rather than her customary four, two years after the signing of the marriage contract she could be satisfied with a tiny amount of food.
Namely, per day she ate and drank the following nutrients:
1 gr. of salts
5 gr. of protein substances
2 gr. of fat
7 gr. of water (distilled)
1/23 gr. of Hungarian wine.
Total amount 15 1/23 gr.
We do not calculate gases because science is not yet able to accurately determine the number of gases we consume. Tanner was triumphant, but not for long. In the fourth year of his marriage he was tortured by the thought that Mrs Tanner was eating a lot of protein. He started re-educating her with even more vigour and, perhaps, could have achieved a reduction from 5 gr. to one or zero, if he had not felt that he was no longer in love with his wife. But being something of an aesthetician, he could not stop loving his wife. Mrs Tanner, instead of maturing into an attractive woman of a certain age, for no reason turned into something like an American muffin, losing her beautiful curves and mental capabilities. Even if she was still good for further training, she had already become totally unfit for marriage. Dr. Tanner demanded to get divorced. Scientists and experts came to his house, examined Mrs Tanner and advised her to go to the local hot springs, do gymnastics; they prescribed her a diet and approved their esteemed colleague's request. Dr. Tanner gave one dollar to each of his fellow experts, offered them a good breakfast ... and since then Tanner has been living in one place and his wife in another. Such a sad story! Women, you are too often accused of being the cause of great people's misfortunes! Women, are you not guilty when the great and good do not have children? Men of Portugal, you are responsible for raising your daughters! Do not turn your daughters into home wreckers!! We'll end here. Tomorrow's issue will not be published due to the editor's birthday. Men of Portugal! Those of you, who have not paid subscription fees in full, hurry up and pay!"
 - Poor Mrs Tanner! - Amaranta whispered, running eyes over this story. - Poor woman! She is so miserable! Oh, how happy I am

рассказец.

— Бедная! Как она несчастлива! О, как я счастлива сравнительно с нею! Как я счастлива!

Амаранта, обрадованная тем, что есть на этом свете люди несчастнее ее, старательно сложила газетный лист, положила его в коробочку и, радуясь, что она не m-me Таннер, разделась и легла спать.

Спала она до тех пор, пока не разбудил ее ужаснейший голод в лице Альфонсо Зинзаги.

— Я хочу есть! — сказал Зинзага. — Оденься, моя дорогая, и ступай к своей madre за деньгами. A propos: я извиняюсь перед тобой. Я был неправ. Я сейчас только узнал от русского писателя Державина, который приехал вместе с Лерментофф, другим русским писателем, что есть два романа, совершенно не похожие друг на друга и носящие одно и то же имя: «Сомнамбула среди океана». Иди, мой друг!

И Зинзага рассказал Амаранте, пока она одевалась, один случай, который он намерен описать, сказав между прочим, мимоходом, что описание этого, трогающего за душу и тело, случая потребует у нее некоторой жертвы.

— Жертва, мой друг, будет невелика! — сказал он. — Ты должна будешь писать это описание под мою диктовку, что отнимет у тебя не более семи-восьми часов, и переписать его начисто и между прочим, этак мимоходом, изложить на бумаге и свое мнение относительно всех моих произведений... Ты женщина, а большинство моих читателей составляют женщины...

Зинзага немножко солгал. Не большинство, а всех его читателей составляла одна только женщина, потому что Амаранта была не «женщины», а только всего «женщина».

— Согласна?

— Да, — сказала тихо Амаранта, побледнела и упала без чувств на растрепанный, вечно валяющийся, пыльный энциклопедический словарь...

— Удивительный народ эти женщины! — воскликнул Зинзага. — Прав был я, когда назвал женщину в «Тысяче огней» существом, которое вечно будет загадкой и удивлением для рода человеческого! Малейшая радость способна повалить ее на пол! О, женские нервы!

И счастливый Зинзага опустился на колено перед несчастной Амарантой и поцеловал ее в лоб...

Такие-то дела, читательницы!

Знаете что, девицы и вдовы? Не выходите вы замуж за этих артистов!

compared to her! How happy I am!

Amaranta, delighted by the fact that there are people in this world who are more miserable than her, carefully folded a newspaper sheet, put it in the box, and feeling glad that she was not Mrs Tanner, got undressed and went to bed.

She slept until she was woken up by Alfonso Zinzaga's terrible hunger.

- I want to eat! - Zinzaga said. - Get dressed, my dear, and go to your mother for money. I want to apologize to you. I was wrong. I have just learned from the Russian writer Derzhavin, who came with Lermantoff*, another Russian writer, that there are two novels, not similar to each other but having the same title "Sleep Walkers at Sea" Come on, darling!"

And Zinzaga told Amaranta, while she was dressing, one case which he intended to describe, saying among other things that the description of this gripping story would require some sacrifice from her.

- My darling, you will have to make some sacrifices! - he said. - You'll have to write this description under my dictation; that will take you no more than seven or eight hours. Then you will have to rewrite it completely and, by the way, jot down your opinion on all of my works as well... You are a woman, and most of my readers are women...

Zinzaga has lied a little. Not the majority, but all his readers were only one woman because Amaranta was not "women" but only just a "woman".

- Do you agree?

- Yes, - said Amaranta softly, she turned pale and fainted on the dishevelled dusty encyclopedic dictionary which they dragged everywhere...

- These women are amazing creatures! - exclaimed Zinzaga. - I was right when I called the woman in "Thousands of Lights" a creature that will forever be a mystery and a wonder for the human race! The slightest joy can make her faint! Oh, women's nerves!

And happy Zinzagaknelt in front of Amaranta and kissed her forehead...

Such is the story, readers!

You know what, unmarried women and widows? Do not marry

---

* Lermontov was a famous Russian poet, who died at the age of 27 after fighting in a duel in Piatigorsk.

«Цур им и пек, этим артистам!», как говорят хохлы. Лучше, девицы и вдовы, жить где-нибудь в табачной лавочке или продавать гусей на базаре, чем жить в самом лучшем номере «Ядовитого лебедя», с самым лучшим протеже графа Барабанта-Алимонда.

Право, лучше!

За двумя зайцами погонишься, ни одного не поймаешь

Пробило 12 часов дня, и майор Щелколобов, обладатель тысячи десятин земли и молоденькой жены, высунул свою плешивую голову из-под ситцевого одеяла и громко выругался. Вчера, проходя мимо беседки, он слышал, как молодая жена его, майорша Каролина Карловна, более чем милостиво беседовала со своим приезжим кузеном, называла своего супруга, майора Щелколобова, бараном и с женским легкомыслием доказывала, что она своего мужа не любила, не любит и любить не будет за его, Щелколобова, тупоумие, мужицкие манеры и наклонность к умопомешательству и хроническому пьянству. Такое отношение жены поразило, возмутило и привело в сильнейшее негодование майора. Он не спал целую ночь и целое утро. В голове у него кипела непривычная работа, лицо горело и было краснее вареного рака; кулаки судорожно сжимались, а в груди происходила такая возня и стукотня, какой майор и под Карсом[*] не видал и не слыхал. Выглянув из-под одеяла на свет божий и выругавшись, он спрыгнул с кровати и, потрясая кулаками, зашагал по комнате.

— Эй, болваны! — крикнул он.

Затрещала дверь, и пред лицо майора предстал его камердинер, куафер и поломойка Пантелей, в одежонке с барского плеча и с щенком под мышкой. Он уперся о косяк двери и почтительно замигал глазами.

— Послушай, Пантелей, — начал майор, — я хочу с тобой поговорить по-человечески, как с человеком, откровенно. Стой ровней! Выпусти из кулака мух! Вот так! Будешь ли ты отвечать мне откровенно, от глубины души, или нет?

— Буду-с.

— Не смотри на меня с таким удивлением. На господ нельзя смотреть с удивлением. Закрой рот!

---

[*] A town in Turkey, site of a battle in the Russo-Turkish wars.

these artists! 'God damn them, these artists!' as the Ukrainians say. You, single women and widows, had better live somewhere in a tobacco shop or sell geese at the market than live in the best room of "The Poisonous Swan" with the best protégé of the Count Barabanta-Alimonda.

Believe me, it is much better!

A Bird in the Hand is Worth Two in the Bush[*]

The clock struck 12 pm and Major Schelkolobov, the owner of thousands of acres of land and a young wife, stuck his bald head from under the calico blanket and swore loudly. Yesterday, walking past the gazebo, he had heard his young wife, Carolina Karlovna, more than graciously speaking with her visiting cousin, calling her husband, Major Schelkolobov, a knucklehead and with her female levity proving that she did not love her husband, does not love and would not love Schelkolobov - for his stupidity, peasant manners, his tendency to insanity and chronic alcoholism. His wife's attitude outraged the Major and had made him extremely resentful. He had not slept all night and all morning. His head was boiling with unusual thoughts, his face was flushing and got redder than a cooked crab; his fists clenched convulsively, and there was such a fuss and beating in his chest that the Major had not seen or heard since Kars

Having looked out from under the blanket at the daylight and sworn, he jumped out of his bed and, shaking his fists, walked around the room.

- Hey, idiots! - he shouted.

The door cracked and the major's valet, hairdresser and handyman Pantelei appeared in front of his master, wearing some of his master's clothes and holding a puppy under his arm. He leaned against the door and respectfully blinked.

- Look, Pantelei – began the Major - I want to talk frankly to you in a humane way, man to man. Stand up straight! Unclench your fists! Like this! Will you answer me frankly, from the depths of your soul, or not?

- I will, sir.

- Don't give me that look, as if you're surprised. You cannot be surprised at your master's requests. Shut your mouth!

---

[*] The Russian expression is literally "If you chase two hares, you will only catch one".

Какой же ты бык, братец! Не знаешь, как нужно вести себя в моем присутствии. Отвечай мне прямо, без запинки! Колотишь ли ты свою жену или нет?

Пантелей закрыл рот рукою и преглупо ухмыльнулся.

— Кажинный вторник, ваше в‹ысокоблагороди›е! — пробормотал он и захихикал.

— Очень хорошо. Чего ты смеешься? Над этим шутить нельзя! Закрой рот! Не чешись при мне: я этого не люблю. (Майор подумал.) Я полагаю, братец, что не одни только мужики наказывают своих жен. Как ты думаешь относительно этого?

— Не одни, ваше в—е!

— Пример!

— В городе есть судья Петр Иваныч... Изволите знать? Я у них годов десять тому назад в дворниках состоял. Славный барин, в одно слово, то есть... а как подвыпимши, то берегись. Бывало, как придут подвыпимши, то и начнут кулачищем в бок барыню подсаживать. Штоб мне провалиться на ентом самом месте, коли не верите! Да и меня за конпанию ни с того ни с сего в бок, бывало, саданут. Бьют барыню да и говорят: «Ты, говорят, дура, меня не любишь, так я тебя, говорят, за это убить желаю и твоей жисти предел положить...»

— Ну, а она что?

— Простите, говорит.

— Ну? Ей-богу? Да это отлично!

И майор от удовольствия потер себе руки.

— Истинная правда-с, ваше в—е! Да как и не бить, ваше в—е? Вот, например, моя... Как не побить! Гармонийку ногой раздавила да барские пирожки поела... Нешто это возможно? Гм!..

— Да ты, болван, не рассуждай! Чего рассуждаешь? Ведь умного ничего не сумеешь сказать? Не берись не за свое дело! Что барыня делает?

— Спят.

— Ну, что будет, то будет! Поди, скажи Марье, чтобы разбудила барыню и просила ее ко мне... Постой!.. Как на твой взгляд? Я похож на мужика?

— Зачем вам походить, ваше в—е? Откудова это видно, штоб барин на мужика похож был? И вовсе нет!

Пантелей пожал плечами, дверь опять затрещала, и он вышел, а майор с озабоченной миной на лице начал умываться и одеваться.

What an animal you are, brother! You do not know how to behave in my presence. Answer me directly, without hesitation! Do you beat your wife or not?

Pantelei shut his mouth with his hand and grinned lie an idiot.

- Every Tuesday, your Honour˙! - he mumbled and chuckled.
- Very good. Why are you laughing? There is nothing to joke about! Shut your mouth! Do not scratch yourself in my presence, I do not like it. (The Major thought for a bit.) I believe, brother, that not only peasant men punish their wives. What do you think about this?
- Yes, you are right, your Honour!
- Do you have an example!
- In town there is a judge Petr Ivanovich... do you happen to know him? Ten years ago I was his janitor. A nice gentleman, in brief, I mean ... but after drinking too much, watch out. Sometimes after getting a bit tipsy, he would begin beating his wife. I'll be damned in this very place if you do not believe me! And I was also beaten for no apparent reason; just for the sake of appearances. He was bashing his wife and saying, 'You, you silly woman, you don't love me so I am going to kill you..."
- Well, did she say anything?
- She just apologized.
- Really? You're not fibbing? It is just wonderful!

And Major rubbed his hands with pleasure.

- The simple truth, sir, your Honour! How could I help not beating her, your Honour? For example, my wife... How could I avoid beating her! She crushed my harmonica with her foot and ate all your pies... What else could I do? Hm!..
- Hey, you, blockhead, do not argue! Why are you arguing? Will you ever actually say something intelligent? Don't try to do more than you can! What is the lady doing?
- Sleeping.
- Well, what shall be shall be! Go and tell Mary to wake her mistress up and ask her to come to me... Wait!.. What do you think? Do I look like a peasant?
- Why should you look like that, your Honour? How can a gentleman look like a peasant? Not at all!

Pantelei shrugged his shoulders, the door creaked again and he went out, and the Major, looking anxious, began to wash himself and get dressed.

---

* Chekhov is employing an old non-standard term. It is still used in the Army as an abrupt "yes, sir!"

— Душенька! — сказал одевшийся майор самым что ни на есть разъехидственным тоном вошедшей к нему хорошенькой двадцатилетней майорше, — не можешь ли ты уделить мне часок из твоего столь полезного для нас времени?

— С удовольствием, мой друг! — ответила майорша и подставила свой лоб к губам майора.

— Я, душенька, хочу погулять, по озеру покататься... Не можешь ли ты из своей прелестной особы составить мне приятнейшую компанию?

— А не жарко ли будет? Впрочем, изволь, папочка, я с удовольствием. Ты будешь грести, а я рулем править. Не взять ли нам с собой закусок? Я ужасно есть хочу...

— Я уже взял закуску, — ответил майор и ощупал в своем кармане плетку.

Через полчаса после этого разговора майор и майорша плыли на лодке к средине озера. Майор потел над веслами, а майорша управляла рулем. «Какова? Какова? Какова?» — бормотал майор, свирепо поглядывая на замечтавшуюся жену и горя от нетерпения. «Стой!» — забасил он, когда лодка достигла середины. Лодка остановилась. У майора побагровела физиономия и затряслись поджилки.

— Что с тобой, Аполлоша? — спросила майорша, с удивлением глядя на мужа.

— Так я, — забормотал он, — бааарaн? Так я... я... кто я? Так я тупоумен? Так ты меня не любила и любить не будешь? Так ты... я...

Майор зарычал, простер вверх длани, потряс в воздухе плетью и в лодке... o tempora, o mores!.. поднялась страшная возня, такая возня, какую не только описать, но и вообразить едва ли возможно. Произошло то, чего не в состоянии изобразить даже художник, побывавший в Италии и обладающий самым пылким воображением... Не успел майор Щелколобов почувствовать отсутствие растительности на голове своей, не успела майорша воспользоваться вырванной из рук супруга плетью, как перевернулась лодка и...

В это время на берегу озера прогуливался бывший ключник майора, а ныне волостной писарь Иван Павлович и, в ожидании того блаженного времени, когда деревенские молодухи выйдут на озеро купаться, посвистывал, покуривал и размышлял о цели своей прогулки. Вдруг он услышал раздирающий душу крик. В этом крике он узнал голос своих бывших господ. «Помогите!» — кричали майор и майорша. Писарь, не долго думая, сбросил с себя пиджак, брюки и сапоги, перекрестился трижды и поплыл

- Darling! - said the dressed Major in a not quite acrimonious tone to his pretty twenty-year-old wife - could you give me an hour of your time?

- With pleasure, my dear! - said his wife and offered the Major her forehead to kiss.

- My dear, I want to take a walk, go boating around our lake... Could you care to join me?

- Won't it be hot? However, if it will make you happy, I am happy to. You're going to paddle and I am going to steer. Shall we take some snacks? I'm terribly hungry...

- I have already picked up some snacks, - replied the Major as he touched a whip in his pocket.

Half an hour after this conversation the Major and his wife were going by boat to the middle of the lake. The Major was sweating over the oars and his wife was steering. 'What sort of a woman is she? Honestly, what sort of a woman?'- Major muttered looking fiercely at his dreaming wife and burning with impatience. 'Stop!' – he turned to her in a bass voice when the boat reached the middle. The boat stopped. Major's face turned purple and his knees were shaking.

- What is the matter with you, my Apollo? – Major's wife asked, looking at her husband with surprise.

- So, I am - he muttered, - a bonehead? So, I... I... who am I? Am I stupid? So, you did not love me and will not love me? So, you... I...

The Major growled, stretching his palms up, shook his whip in the air and shook the boat ... o tempora, o mores!*.. and so started a terrible fuss, such a romp, which is not impossible only to describe but it is hardly possible to imagine. It was something which even an artist, who was in Italy and having the most vivid imagination could fail to depict... Major Schelkolobov hardly felt the absence of hair on his head and his wife barely managed to use the whip she pulled from her husband's hands, when the boat capsized and...

At this time, the Major's former housekeeper, at that time, a district clerk, Ivan Pavlovich was walking along the bank of the lake waiting for that blessed moment when young village girls would go to the lake to swim. He was whistling, smoking and wondering about the purpose of his walk. Suddenly he heard a heart-rending cry. In this cry he recognized the voice of his former masters. 'Help!' - shouted the Major and his wife. The clerk, without any hesitation, threw off his jacket, trousers and boots, crossed himself three times and swam

---

*   Oh the times! Oh the customs! - a quote from Cicero

на помощь к средине озера. Плавал он лучше, чем писал и разбирал писанное, а потому через какие-нибудь три минуты был уже возле погибавших. Иван Павлович подплыл к погибавшим и стал втупик.

«Кого спасать? — подумал он. — Вот черти!» Двоих спасать ему было совсем не под силу. Для него достаточно было и одного. Он скорчил на лице своем гримасу, выражавшую величайшее недоумение, и начал хвататься то за майора, то за майоршу.

— Кто-нибудь один! — сказал он. — Обоих вас куда мне взять? Что я, кашалот, что ли?

— Ваня, голубчик, спаси меня, — пропищала дрожащая майорша, держась за фалду майора, — меня спаси! Если меня спасешь, то я выйду за тебя замуж! Клянусь всем для меня святым! Ай, ай, я утопаю!

— Иван! Иван Павлович! По-рыцарски!.. того! — забасил, захлебываясь, майор. — Спаси, братец! Рубль на водку! Будь отцом-благодетелем, не дай погибнуть во цвете лет... Озолочу с ног до головы... Да ну же, спасай! Какой же ты, право... Женюсь на твоей сестре Марье... Ей-богу, женюсь! Она у тебя красавица. Майоршу не спасай, чёрт с ней! Не спасёшь меня — убью, жить не позволю!

У Ивана Павловича закружилась голова, и он чуть-чуть не пошел ко дну. Оба обещания казались ему одинаково выгодными — одно другого лучше. Что выбирать? А время не терпит! «Спасу-ка обоих! — порешил он. — С двоих получать лучше, чем с одного. Вот это так, ей-богу. Бог не выдаст, свинья не съест. Господи благослови!» Иван Павлович перекрестился, схватил под правую руку майоршу, а указательным пальцем той же руки за галстух майора и поплыл, кряхтя, к берегу. «Ногами болтайте!» — командовал он, гребя левой рукой и мечтая о своей блестящей будущности. «Барыня — жена, майор — зять... Шик! Гуляй, Ваня! Вот когда пирожных наемся да дорогие цыгары курить будем! Слава тебе, господи!» Трудно было Ивану Павловичу тянуть одной рукой двойную ношу и плыть против ветра, но мысль о блестящей будущности поддержала его. Он, улыбаясь и хихикая от счастья, доставил майора и майоршу на сушу. Велика была его радость. Но, увидев майора и майоршу, дружно вцепившихся друг в друга, он... вдруг побледнел, ударил себя кулаком по лбу, зарыдал и не обратил внимания на девок, которые, вылезши из воды, густою толпой окружали майора и майоршу и с удивлением посматривали на храброго писаря.

На другой день Иван Павлович, по проискам майора, был удален

to the middle of the lake in order to rescue them. He was better at swimming than writing and understanding his writings so in just three minutes he was already near the sinking couple. Ivan Pavlovich swam up to them and then paused in confusion.

'Who should I save?' - he thought. - Damn it!' He was not able to save both of them. Only one was just enough for him. He made a grimace on his face which expressed the greatest confusion and then began to grasp both the Major and his wife.

- Only one of you! - he said. - How can I take both of you? Am I a sperm whale, or what?

- Vanya, darling, save me - squeaked the Major's trembling wife holding her husband's coattails - save me! If you save me, I'll marry you! I swear by all the saints! Ah, ah, I am drowning!

- Ivan! Ivan Pavlovich! Be a man!.. you know! - choked the Major in his bass voice. - Save me, brother! A rouble for vodka! Be my benefactor, do not let me die in the prime of life... You will ride the gravy train... Come on, save me! What a man you are... I will marry your sister Mary... Honestly, I will marry her! She is a beauty. Do not save my wife, God damn her! If you do not save me - I will kill her, I will not let her live!

Ivan Pavlovich felt dizzy. He barely managed not to drown himself. Both promises seemed to him equally profitable - no one was better than another. What did he have to choose? He was pressed for time! 'I will save both!' - he decided. - It is more profitable to benefit from two than one. That is the way it is, by golly. Whom God helps, nobody can harm. God bless me!' Ivan Pavlovich crossed himself, grabbed Major's wife's right hand and the Major's cravat with an index finger of the same hand and swam, groaning, towards the bank. 'Shake your legs!' - he commanded, rowing with his left hand and dreaming of his brilliant future. 'The lady will be my wife, the Major will be my brother-in-law... Wow! Get a move on, Vanya! This is the time when I will stuff myself with pastries and smoke expensive cigars! Thank you, Lord!' It was hard for Ivan Pavlovich to pull his double burden with one arm and swim against the wind, but the thought of his brilliant future supported him. Smiling and giggling with joy, he brought the Major and his wife to the bank. Great was his joy. But after seeing the Major and his wife clinging to each other, he suddenly turned pale..., he struck his forehead with a fist, wept and did not pay any attention to the girls who were getting out of water surrounding the Major and his wife and looking surprisingly at the brave clerk.

The next day, Ivan Pavlovich, through Major's intrigues, was fired

из волостного правления, а майорша изгнала из своих апартаментов Марью с приказом отправляться ей «к своему милому барину».

— О, люди, люди! — вслух произносил Иван Павлович, гуляя по берегу рокового пруда, — что же благодарностью вы именуете?

За яблочки

Между Понтом Эвксинским и Соловками*, под соответственным градусом долготы и широты, на своем черноземе с давних пор обитает помещичек Трифон Семенович. Фамилия Трифона Семеновича длинна, как слово «естествоиспытатель», и происходит от очень звучного латинского слова, обозначающего единую из многочисленнейших человеческих добродетелей. Число десятин его чернозема есть 3000**. Имение его, потому что оно имение, а он — помещик, заложено и продается. Продажа его началась еще тогда, когда у Трифона Семеновича лысины не было, тянется до сих пор и, благодаря банковскому легковерию да Трифона Семеновича изворотливости, ужасно плохо клеится. Банк этот когда-нибудь да лопнет, потому что Трифон Семенович, подобно себе подобным, имя коим легион, рубли взял, а процентов не платит, а если и платит кое-когда, то платит с такими церемониями, с какими добрые люди подают копеечку за упокой души и на построение. Если бы сей свет не был сим светом, а называл бы вещи настоящим их именем, то Трифона Семеновича звали бы не Трифоном Семеновичем, а иначе; звали бы его так, как зовут вообще лошадей да коров. Говоря откровенно, Трифон Семенович — порядочная таки скотина. Приглашаю его самого согласиться с этим. Если до него дойдет это приглашение (он иногда почитывает «Стрекозу»), то он, наверно, не рассердится, ибо он, будучи человеком понимающим, согласится со мною вполне, да, пожалуй, еще пришлет мне осенью от щедрот своих десяток антоновских яблочков за то, что я его длинной фамилии по миру не пустил, а ограничился на этот раз одними только именем и отчеством. Описывать все добродетели Трифона Семеновича я не стану: материя длинная. Чтобы вместить всего Трифона Семеновича с руками и ногами, нужно просидеть над писанием по крайней мере столько, сколько просидел Евгений Сю над своим толстым и длинным «Вечным жидом».

---

* The Black Sea and some islands in the Russian Far North

** The implied unit is an arpent, equal to 3419 square metres

from the municipal board. The Major's wife expelled Maria from her apartments ordering her to go "to her dear gentleman."
- Oh, people, people! - uttered Ivan Pavlovich aloud, walking along the bank of the fatal pond – that's gratefulness for you!

For a Few Apples

Between the Euxine and Solovki, and between their respective degrees of longitude and latitude, the landowner Trifon Semenovich has been living on his black soil for a long time. The surname of Trifon Semenovich is as long as the words "scientific researcher" and comes from a very sonorous Latin word meaning a single of the many human virtues. The area of his black earth totals 3,000 arpents. His estate, as it is an estate and he is the landowner, has been verified and put up for sale. Selling begun when Trifon Semenovich still had hair and it has been going on in a terribly bad manner thanks to the bank's gullibility and Trifon Semenovich's resourcefulness. This bank will one day go bankrupt, because Trifon Semenovich, like other similar fellows - their name is legion, took out a loan but does not pay any interest; and if he pays something, he does it with such ceremony that the bank seem to lose track of how much he is paying back. If this world was not this one but one where things were called by their real names, the name of Trifon Semenovich would not be Trifon Semenovich but something else - he would be named "horses and cows". Frankly speaking, Trifon Semenovich is a decent beast. I hereby invite him to agree with this. When he reads this invitation (he sometimes reads the "Strekoza˙"), he will probably not be angry, as, being a self-aware man, he will quite agree with me - yes, perhaps, he will even generously send me a dozen of Antonovka apples for not mentioning his long surname and limiting myself this time to his name and patronymic. I will not describe all the virtues of Trifon Semenovich. The list is too long. In order to describe Trifon Semenovich from head to toe you would have write at least as much as Eugene Sue did in his vast "Wandering Jew".

---

*A humorous, satirical, liberal newspaper published in Petersburg 1875-1918

Я не коснусь ни его плутней в преферансе, ни политики его, в силу которой он не платит ни долгов, ни процентов, ни его проделок над батюшкою и дьячком, ниже? прогулок его верхом по деревне в костюме времен Каина и Авеля, а ограничусь одной только сценкой, характеризующей его отношения к людям, в похвалу которых его тричетвертивековой опыт сочинил следующую скороговорку: «Мужички, простачки, чудачки, дурачки проигрались в дурачки».

В одно прекрасное во всех отношениях утро (дело происходило в конце лета) Трифон Семенович прогуливался по длинным и коротким аллеям своего роскошного сада. Всё, что вдохновляет господ поэтов, было рассыпано вокруг него щедрою рукою в огромном количестве и, казалось, говорило и пело: «На, бери, человече! Наслаждайся, пока еще не явилась осень!» Но Трифон Семенович не наслаждался, потому что он далеко не поэт, да и к тому же в это утро душа его с особенною жадностью вкушала хладный сон, как это делала она всегда, когда хозяин ее чувствовал себя в проигрыше. Позади Трифона Семеновича шествовал его верный вольнонаемник, Карпушка, старикашка лет шестидесяти, и посматривал по сторонам. Этот Карпушка своими добродетелями чуть ли не превосходит самого Трифона Семеновича. Он прекрасно чистит сапоги, еще лучше вешает лишних собак, обворовывает всех и вся и бесподобно шпионит. Вся деревня, с легкой руки писаря, величает его «опричником». Редкий день проходит без того, чтобы мужики и соседи не жаловались Трифону Семеновичу на нравы и обычаи Карпушки; но жалобы эти оставляются втуне, потому что Карпушка незаменим в хозяйстве Трифона Семеновича. Трифон Семенович, когда идет гулять, всегда берет с собою верного своего Карпа: и безопаснее и веселее. Карпушка носит в себе неистощимый источник разного рода россказней, прибауток, побасенок и обладает неумением молчать. Он всегда рассказывает что-нибудь и молчит только тогда, когда слушает что-нибудь интересное. В описываемое утро шел он позади своего барина и рассказывал ему длинную историю о том, как какие-то два гимназиста в белых картузах ехали с ружьями мимо сада и умоляли его, Карпушку, пустить их в сад поохотиться, как прельщали его эти два гимназиста полтинником, и как он, очень хорошо зная, кому служит, с негодованием отверг полтинник и спустил на гимназистов Каштана и Серка. Кончив эту историю, он начал было в ярких красках изображать возмутительный образ жизни деревенского фельдшера, но изображение не удалось, потому что до ушей Карпушки из чащи яблонь и груш

I did not describe in detail his preferred tricks which get him out of paying any debt or interest, or the tricks he has played on the priest and the deacon, or how he rides his horse through the village dressed as a biblical figure. I will stick to one sketch which characterizes his attitude to people who have composed the following proverb to praise the full seventy five years of his life: 'The peasants, simpletons, eccentrics and fools all lose money to fools.'

One nice morning (it was in the late summer) Trifon Semenovich was walking along the tree-lined paths in his luxurious garden. Everything that inspires poets was generously scattered around him and seemed to sing -'Come on, take it, man! Enjoy it before autumn comes!' But Trifon Semenovich did not enjoy it as he is not a poet and, besides, this morning his soul was touched by a cold, dark feeling that only emerged when he felt like a loser. His hired help, an old man of sixty, trustworthy Karpushka, marched behind Trifon Semenovich and looked around. This Karpushka almost surpasses Trifon Semenovich with his virtues. He cleans boots perfectly, is the best at spotting the best dogs, robs everyone and is an excellent spy. The whole village, thanks to the clerk, calls him "the secret agent"[*]. Hardly does a day pass without peasants' and neighbours' complaints to Trifon Semenovich about Karpushka's manners and customs; but these complaints are in vain because Karpushka is indispensable in the Trifon Semenovich's household. Trifon Semenovich, when he goes for a walk, always takes with him his faithful Karp as it is safer and funnier. Karpushka is an endless source of all sorts of tales, jokes, and fables and has the inability to remain silent. He always says something and keeps silent only when listening to something interesting. This particular morning he walked behind his master and told him a long story about two schoolboys in white caps who were travelling with guns past the garden and begged him, Karpushka, to let them hunt in the garden. They tried to bride him, these two schoolboys, with fifty kopecks and, knowing quite well who he serves for, Karp indignantly rejected those kopecks and released the hounds to chase the boys away. When he finished the story, he began to depict the outrageous lifestyle of a village paramedic in vivid detail but as he was winding up the story, Karpushka heard a suspicious rustling from the thicket of apple and pear trees.

---

[*] a member of an organization established by Tsar Ivan the Terrible to govern the division of Russia known as the Oprichnina (1565-1572).

донесся подозрительный шорох. Услышав шорох, Карпушка удержал свой язык, навострил уши и стал прислушиваться. Убедившись в том, что шорох есть и что этот шорох подозрителен, он дернул своего барина за полу и стрелой помчался по направлению к шороху. Трифон Семенович, предчувствуя скандальчик, встрепенулся, засеменил своими старческими ножками и побежал вслед за Карпушкой. И было зачем бежать...

На окраине сада, под старой ветвистой яблоней, стояла крестьянская девка и жевала; подле нее на коленях ползал молодой широкоплечий парень и собирал на земле сбитые ветром яблоки; незрелые он бросал в кусты, а спелые любовно подносил на широкой серой ладони своей Дульцинее. Дульцинея, по-видимому, не боялась за свой желудок и ела яблочки не переставая и с большим аппетитом, а парень, ползая и собирая, совершенно забыл про себя и имел в виду исключительно одну только Дульцинею.

— Да ты с дерева сорви! — подзадоривала шёпотом девка.

— Страшно.

— Чего страшно?! Опришник, небось, в кабаке...

Парень приподнялся, подпрыгнул, сорвал с дерева одно яблоко и подал его девке. Но парню и его девке, как и древле Адаму и Еве, не посчастливилось с этим яблочком. Только что девка откусила кусочек и подала этот кусочек парню, только что они оба почувствовали на языках своих жестокую кислоту, как лица их искривились, потом вытянулись, побледнели... не потому, что яблоко было кисло, а потому, что они увидели перед собою строгую физиономию Трифона Семеновича и злорадно ухмыляющуюся рожицу Карпушки.

— Здравствуйте, голубчики! — сказал Трифон Семенович, подходя к ним. — Что, яблочки кушаете? Я, бывает, вам не помешал?

Парень снял шапку и опустил голову. Девка начала рассматривать свой передник.

— Ну, как твое здоровье, Григорий? — обратился Трифон Семенович к парню. — Как живешь-можешь, паренек?

— Я только один, — пробормотал парень, — да и то с земли...

— Ну, а твое как здоровье, дуся? — спросил Трифон Семенович девку.

Девка еще усерднее принялась за обзор своего передника.

— Ну, а свадьбы вашей еще не было?

On hearing the sound Karpushka stopped talking, pricked his ears and listened. Making sure that there actually was a rustle, he pulled his master's paddle and speedily ran in the direction of rustling. Trifon Semenovich, anticipating some kind of scandalous scene, roused himself and broke into a run after Karpushka. What was it for...

On the edge of the garden, under the branchy old apple tree, there was a peasant girl who was chewing an apple; beside her a young and broad-shouldered man was crawling on his knees. He was collecting apples which had been dislodged by the wind; he threw green ones into the bushes and lovingly brought the ripe ones on his broad gray palm to his Dulcinea*. Dulcinea, apparently, was not afraid of my possible stomach upset and devoured the apples with a great gusto while the boy was crawling around, totally forgetting himself as he saw only his Dulcinea.

- You should pick them from the tree! - incited him a girl whispering.
- I am afraid.
- Why are you scared?! The "secret agent" must be at the pub...

The boy stood up, jumped up, picked one apple from an apple tree and gave it to the girl. But the boy and the girl, as Adam and Eve, got more than they bargained for with this apple. Hardly had the girl taken a bite and given a piece to the boy, hardly had they both tasted the brutal acid on their tongues, when their faces twisted, jaws dropped open and the skin turned pale... not because the apple was sweet, but because they saw a strict face of Trifon Semenovich and the gleefully grinning face of Karpushka in front of themselves.

- Hello, my friends! – said Trifon Semenovich, approaching them. - What, are you eating apples? I haven't disturbed you, have I?

The boy took off his cap and bowed his head. The girl began to look at her apron.

- Well, how is your health, Grigory? - Trifon Semenovich turned to the lad. - How are you, boy?
- I have just taken only one, - the boy muttered, - and from the ground...
- Well, how are you, darling? - Trifon Semenovich asked the girl.

The girl concentrated even harder on her apron.

- Well, have you got married yet?

---

*Dulcinea del Toboso was the name given by Don Quixote to his sweetheart.

— Нет еще.. Да мы, барин, ей-богу, только один, да и то... так...

— Хорошо, хорошо. Молодец. Ты читать умеешь?

— Не... Да ей-богу ж, барин, мы только вот один, да и то с земли.

— Читать ты не умеешь, а воровать умеешь. Что ж, и то слава богу. Знания за плечами не носить. А давно ты воровать начал?

— Да разве я воровал, што ли?

— Ну, а милая невеста твоя, — обратился к парню Карпушка, — чего это так жалостно призадумалась? Плохо любишь нешто?

— Молчи, Карп! — сказал Трифон Семенович. — А ну-ка, Григорий, расскажи нам сказку...

Григорий кашлянул и улыбнулся.

— Я, барин, сказок не знаю, — сказал он. — Да нешто мне яблоки ваши нужны, што ли? Коли я захочу, так и купить могу.

— Очень рад, милый, что у тебя денег много. Ну, расскажи же нам какую-нибудь сказку. Я послушаю, Карп послушает, вот твоя красавица-невеста послушает. Не конфузься, будь посмелей! Воровская душа должна быть смела. Не правда ли, мой друг?

И Трифон Семенович уставил свои ехидные глаза на попавшегося парня... У парня на лбу выступил пот.

— Вы, барин, заставьте-ка его лучше песню спеть. Где ему, дураку, сказки рассказывать? — продребезжал своим гаденьким тенорком Карпушка.

— Молчи, Карп, пусть сперва сказку расскажет. Ну, рассказывай же, милый!

— Не знаю.

— Неужели не знаешь? А воровать знаешь? Как читается восьмая заповедь?

— Да что вы меня спрашиваете? Разве я знаю? Да ей-богу-с, барин, мы только один яблок съели, да и то с земли...

— Читай сказку!

Карпушка начал рвать крапиву. Парень очень хорошо знал, для чего это готовилась крапива. Трифон Семенович, подобно ему подобным, красиво самоуправничает. Вора он или запирает на сутки в погреб, или сечет крапивой, или же отпускает на свою волю, предварительно только раздев его донага... Это для вас ново? Но есть люди и места, для которых это обыденно и старо, как телега. Григорий косо посмотрел на крапиву, помялся, покашлял и начал не рассказывать сказку, а молоть сказку. Кряхтя, потея, кашляя, поминутно сморкаясь, начал он повествовать о том,

- Not yet.. Yes, sir, we've only just got together, and even... so...
- Okay, okay. Good for you. Do you know how to read?
- I do not... Yes, I swear, sir, we have just taken one and even that was from the ground.
- You cannot read but you know how to steal. Well, thank God. Knowledge is no burden. How long ago did you start stealing?
- Have I stolen anything?
- Well, what about your young man - Karpushka turned to the boy - what are you thinking about being with him? Do you love him even though he's poor?
- Shut up, Karp! - said Trifon Semenovich. - Come on, Grigory, tell us a story...

Grigory cleared his throat and smiled.
- I do not know any stories, sir - he said. - Do I really need your apples? If I want, I can buy them.
- Son, I am very happy that you have a lot of money. Come on, tell us a story. I will listen to it, and Karp will listen, and your beautiful bride will listen as well. Do not be embarrassed, be braver! A thief's soul should be braver. Isn't that so, my friend?

And Trifon Semenovich shot a snide look at the trapped lad... And sweat broke out on the youngster's forehead.
- Sir, you might have more luck getting him to sing a song. How can a fool like him spin a yarn? - said Karpushka in his nasty tenor.
- Shut up, Karp, let him have a go first. Well, tell me, son!
- I don't know any stories.
- How can you not know? Do you know how to steal? What is written in the eighth commandment?
- Why are you asking me? How come I don't know? Honestly, sir, we have only eaten one apple and it was from the ground...
- Tell me a story!

Karpushka began tearing nettles. The young lad knew very well what he was preparing nettles for. Trifon Semenovich, like other similar to him people, is always able to use the environment to his advantage. He either locks a thief for a day in the cellar, or whips with nettles, or... well, you get the picture? This shouldn't shock you, reader, there are people and places where it is still commonplace. Grigory looked askance at the nettles, hesitated, cleared his throat and began not to so much tell a story but to grind one out. Grunting, sweating, coughing, constantly blowing his nose, he began to narrate

как во время оно богатыри русские кощеев колотили да на красавицах женились. Трифон Семенович стоял, слушал и не спускал глаз с повествователя.

— Довольно! — сказал он, когда парень под конец уж совершенно замололся и понес чепуху. — Славно рассказываешь, но воруешь еще лучше. А ну-ка ты, красавица... — обратился он к девке, — прочти-ка «Отче наш»!

Красавица покраснела и едва слышно, чуть дыша, прочла «Отче наш».

— Ну, а как же читается восьмая заповедь?

— Да вы думаете, мы много брали, што ли? — ответил парень и отчаянно махнул рукой. — Вот вам крест, коли не верите!..

— Плохо, родимые, что вы заповедей не знаете. Надо вас поучить. Красавица, это он тебя научил воровать? Чего же ты молчишь, херувимчик? Ты должна отвечать. Говори же! Молчишь? Молчание — знак согласия. Ну, красавица, бей же своего красавца за то, что он тебя воровать научил!

— Не стану, — прошептала девка.

— Побей немножко. Дураков надо учить. Побей его, моя дуся! Не хочешь? Ну, так я прикажу Карпу да Матвею тебя немножко крапивой... Не хочешь?

— Не стану.

— Карп, подойди сюда!

Девка опрометью подлетела к парню и дала ему пощечину. Парень преглупо улыбнулся и заплакал.

— Молодец, красавица! А ну-ка еще за волоса! Возьмись-ка, моя дуся! Не хочешь? Карп, подойди сюда!

Девка взяла своего жениха за волосы.

— Ты не держись, ему так больней! Ты потаскай его!

Девка начала таскать. Карпушка обезумел от восторга, заливался и дребезжал.

— Довольно, — сказал Трифон Семенович. — Спасибо тебе, дуся, за то, что зло покарала. А ну-ка, — обратился он к парню, — поучи-ка свою молодайку... То она тебя, а теперь ты ее...

— Выдумываете, барин, ей-богу... За что я ее буду бить?

— Как за что? Ведь она тебя била? И ты ее побей! Это ей принесет свою пользу. Не хочешь? Напрасно. Карп, крикни Матвея!

about the times when the Russian heroes conquered the Koshcheis[*] and married beautiful women. Trifon Semenovich stood and listened and kept his eyes on the narrator.

- Enough! - he said, when the boy eventually got confused and the words got stuck in his throat. - You are telling it well but your stealing is even better. Come on, you beauty... - he turned to the girl, - read us "Our Father"!

The beauty blushed and faintly, barely breathing, said the prayer "Our Father".

- Well, how do you read the eighth commandment?
- Yes, do you think that we've taken a lot? - The boy replied and waved frantically. – Here is a cross, if you do not believe!..
- Son, it is poor that you do not know the commandments. We must teach you. Sweetheart, has he taught you to steal? Why are you keeping silent? You have to answer. Speak! Still silent? Silence gives consent. Well, sweetheart, beat your handsome man for teaching you how to steal!
- I will not - whispered the girl.
- Beat him a little. Fools must be taught. Beat him, my darling! You don't want to? Well, if I may order Matvey and Karp to beat you with nettles a little... Would you like to?
- I will not.
- Karp, come here!

The girl flew headlong at her boyfriend and gave him a slap. The boy foolishly smiled and wept.

- Good for you, sweetheart! Drag him by his hair! Drag, my darling! You don't want to? Karp, come here!

The girl dragged her fiancé's hair.

- Don't just pull his hair - drag him by his hair! It hurts more!

The girl started to drag her boyfriend across the ground. Karpushka got mad with delight, guffawed and started chuntering to himself.

- Darling – said Trifon Semenovich. - Thank you, darling, for punishing that evil. Come on – he turned to the boy – teach your young woman... She has done it already and now you have to...
- Are you making this up, sir, I swear... Why am I going to beat her?
- Like what? Has she beaten you? And you should do the same! This will be useful to her. You don't want to? Shame. Karp, call Matvey!

---

[*] Koshchei the Immortal - in Russian folklore a bony, emaciated old man, rich and wicked, who knows the secret of eternal life.

Парень плюнул, крякнул, взял в кулак косу своей невесты и начал карать зло. Карая зло, он, незаметно для самого себя, пришел в экстаз, увлекся и забыл, что он бьет не Трифона Семеновича, а свою невесту. Девка заголосила. Долго он ее бил. Не знаю, чем бы кончилась вся эта история, если бы из-за кустов не выскочила хорошенькая дочка Трифона Семеновича, Сашенька.

— Папочка, иди чай пить! — крикнула Сашенька и, увидав папочкину выходку, звонко захохотала.

— Довольно! — сказал Трифон Семенович. — Можете теперь идти, голубчики. Прощайте! К свадьбе яблочков пришлю.

И Трифон Семенович низко поклонился наказанным.

Парень и девка оправились и пошли. Парень пошел направо, а девка налево и... по сей день более не встречались. А не явись Сашенька, парню и девке, чего доброго, пришлось бы попробовать и крапивы... Вот как забавляет себя на старости лет Трифон Семенович. И семейка его тоже недалеко ушла от него. Его дочки имеют обыкновение гостям «низкого звания» пришивать к шапкам луковицы, а пьяным гостям того же звания — писать на спинах мелом крупными буквами: «асел» и «дурак». Сыночек же его, отставной подпоручик, Митя, как-то зимою превзошел и самого папашу: он вкупе с Карпушкой вымазал дегтем ворота одного отставного солдатика за то, что этот солдатик не захотел Мите подарить волчонка, и за то, что этот солдатик вооружает якобы своих дочек против пряников и конфект господина отставного подпоручика...

Называй после этого Трифона Семеновича — Трифоном Семеновичем!

Каникулярные работы институтки Наденьки N.

По русскому языку.

а) Пять примеров на «Сочетание предложений».

1) «Недавно Росия воевала с Заграницей, при чем много было убито турков».

2) «Железная дорога шипит, везет людей и зделана из железа и матерьялов».

3) «Говядина делается из быков и коров, баранина из овечек и баранчиков».

The young man spat, grunted, took his bride's plait into his fist and began to punish her crime. While dishing out his punishment, he felt quietly ecstatic, got carried away and forgot that he was not beating Trifon Semenovich but his bride. The girl wailed. He was beating her for a long time. I do not know how this whole story would have ended, if Sasha, Trifon Semenovich's pretty daughter had not jumped out of the bushes.

- Daddy, go to have dinner! – Sasha shouted, seeing her daddy's trick.

- Enough! - said Trifon Semenovich. - You can go now, my friends. Farewell! I will send you apples to your wedding.

And Trifon Semenovich bowed deeply to the punished.

The boy and the girl recovered and went away. The boy went to the right and the girl to the left... they haven't met up again since. And if Sasha had not appeared, the boy and the girl, God forbid, would certainly have ended up using the nettles... This is the way Trifon Semenovich amuses himself at his old age. His family is just like him. His daughters usually sew bulbs into the caps of guests of a low rank. Drunken guests of the same rank have "idiot" and "fool" written on their foreheads in chalk. One winter his son, a retired sub-lieutenant, Mitya, surpassed his dad. He and Karpushka smeared a retired soldier's gate with tar because the soldier did not want to give Mitya a wolf cub for free. And he had allegedly set his daughters against any potential advances from the retired sub-lieutenant...

Nadenka N.'s Holiday Homework

Russian language.

a) Five examples of "combining sentences."
1) "Recently Rusia has fought Abroad and because of this many Turks were killed."
2) "The railway hisses, transports people and it is prodused of iron and materialls."
3) "Beef is made of bulls and cows, lamb is made of sheep and rams."

4) «Папу обошли на службе и не дали ему ордена, а он рассердился и вышел в отставку по домашним обстоятельствам».

5) «Я обожаю свою подругу Дуню Пешемореперехолященскую за то, что она прилежна и внимательна во время уроков и умеет представлять гусара Николая Спиридоныча».

б) Примеры на «Согласование слов».

1) «В великий пост священники и дьяконы не хотят венчать новобрачных».

2) «Мужики живут на даче зиму и лето, бьют лошадей, но ужасно не чисты, потому что закапаны дегтем и не нанимают горничных и швейцаров».

3) «Родители выдают девиц замуж за военных, которые имеют состояние и свой дом».

4) «Мальчик, почитай своих папу и маму — и за это ты будешь хорошеньким и будешь любим всеми людьми на свете».

5) «Он ахнуть не успел, как на него медведь насел».

в) Сочинение
«Как я провела каникулы?»

Как только я выдержала экзамены, то сейчас же поехала с мамой, мебелью и братом Иоанном, учеником третьего класса гимназии, на дачу. К нам съехались: Катя Кузевич с мамой и папой, Зина, маленький Егорушка, Наташа и много других моих подруг, которые со мной гуляли и вышивали на свежем воздухе. Было много мужчин, но мы, девицы, держали себя в стороне и не обращали на них никакого внимания. Я прочла много книг и между прочим Мещерского, Майкова, Дюму, Ливанова, Тургенева и Ломоносова. Природа была в великолепии. Молодые деревья росли очень тесно, ничей топор еще не коснулся до их стройных стволов, не густая, но почти сплошная тень ложилась от мелких листьев на мягкую и тонкую траву, всю испещренную золотыми головками куриной слепоты, белыми точками лесных колокольчиков и малиновыми крестиками гвоздики (похищено из «Затишья» Тургенева). Солнце то восходило, то заходило. На том месте, где была заря, летела стая птиц. Где-то пастух пас свои стада и какие-то облака носились немножко ниже неба. Я ужасно люблю природу. Мой папа всё лето был озабочен: негодный банк ни с того ни с сего хотел продать наш дом, а мама всё ходила за папой и боялась, чтобы он на себя рук не наложил. А если же я и провела хорошо каникулы,

4) "My dad was outflanked in the service and he was not given an order and he became angry and resigned for family reasons."
5) "I love my friend Dunya Peshemoreperehodyaschenskaya because she is diligent and attentive during lessons and she is able to perform for the hussar Nikolay Spiridonych."

b) Examples on the "linking words."

1) "In Lent priests and deacons do not want to marry couples."
2) "The peasants live in the country in the winter and summer, beat their horses, but they are terribly filthy, as they are tarred and do not employ maids and porters."
3) "Parents marry girls to the military men, who have estates and their own houses."
4) "Boy, honour your father and mother - and for that you will be pretty and loved by all people in the world."
5) "He had hardly managed to gasp as a bear sat down on him."

c) Composition
"How did I Spend my Vacation?
As soon as I had passed exams, I immediately went with my mum, furniture and brother Joannes, a student of the third grade, to the countryside. We were visited by: Katya Kuzevich with her mum and dad, Zina, small Yegorushka, Natasha and many of my other friends who walked with me and embroidered outdoors. There were a lot of men, but we, the ladies, kept aloof and did not pay any attention to them. I read a lot of books and by the way by Meshcherskiy, Maikov, Dumas, Livanov, Turgenev and Lomonosov. The nature was splendid. Young trees grew very closely to each other, nobody's axe had ever touched their slender trunks before, not a thick, but almost solid shadow of the small leaves lay on the soft and thin grass, speckled with golden heads of night blindness, white dots of forest bells and crimson crosses of carnations (stolen from "Silence" by Turgenev). The sun was rising and then setting again. In the place, where there was the spring of day, a flock of birds was flying. Somewhere a shepherd chapped his flocks and some clouds floated slightly just a bit below the sky. I'm awfully fond of nature. My dad was anxious all summer: a bad bank for no apparent reason would like to have sold our house, and my mother followed dad and was afraid that he would commit suicide. And if I had a good vacation, it

так это потому, что занималась наукой и вела себя хорошо. Конец».

Арифметика.

Задача. Три купца взнесли для одного торгового предприятия капитал, на который, через год, было получено 8000 руб. прибыли. Спрашивается: сколько получил каждый из них, если первый взнес 35 000, второй 50 000, а третий 70 000?

Решение. Чтобы решить эту задачу, нужно сперва узнать, кто из них больше всех взнес, а для этого нужно все три числа повычитать одно из другого, и получим, следовательно, что третий купец взнес больше всех, потому что он взнес не 35 000 и не 50 000, а 70 000. Хорошо. Теперь узнаем, сколько из них каждый получил, а для этого разделим 8000 на три части так, чтоб самая большая часть пришлась третьему. Делим: 3 в восьми содержится 2 раза. 3×2=6. Хорошо. Вычтем 6 из восьми и получим 2. Сносим нолик. Вычтем 18 из 20 и получим еще раз 2. Сносим нолик и так далее до самого конца. Выйдет то, что мы получим 26662/3, которая и есть то, что требуется доказать, то есть каждый купец получил 26662/3 руб., а третий, должно быть, немножко больше».

Подлинность удостоверяет — Чехонте[*]

Мой юбилей

Юноши и девы!
Три года тому назад я почувствовал присутствие того священного пламени, за которое был прикован к скале Прометей... И вот три года я щедрою рукою рассылаю во все концы моего обширного отечества свои произведения, прошедшие сквозь чистилище упомянутого пламени. Писал я прозой, писал стихами, писал на всякие меры, манеры и размеры, задаром и за деньги, писал во все журналы, но... увы!!!... мои завистники находили нужным не печатать моих произведений, а если и печатать, то непременно в «почтовых ящиках».

---

[*] A. Chekhov's pseudonym (Antosha Chekhonte).

is because I did my homework and was a well-behaved girl. The end.

Arithmetic

Problem. Three merchants invested their capital in some commercial enterprise, which, a year later, brought 8,000 rub. of profit. The question is: how much did each of them earn, if the first one had invested 35,000, the second one 50,000, and the third one 70,000?

Solution. In order to solve this problem, we must first find out who invested the biggest amount, and we need to subtract all three numbers from each other, we will, therefore, find out that the third merchant invested the most, as he invested neither 35,00, nor 50,000, but 70,000. Good. Now we need to know how much each of them received, for this we will divide 8,000 into three parts, so that the largest part would be given to the third merchant. Let us divide: 8 contains 3 two times. $3 \times 2 = 6$. Good. Let us subtract 6 from eight and get 2. Now we are removing zero and subtracting 18 from 20 and getting another 2. Removing zero and so on until the end. We should get 2,666 ⅔, which is what was required to prove, that every merchant got 2,666 ⅔ rub., and the third one must have got a little bit more."

Authenticity is certified by Chekhonte

My Anniversary

Ladies and gentlemen!
Three years ago I felt the presence of the sacred flame which Prometheus was chained to the rock for stealing... During those three years I have already passed since I began generously sending out my essays to all corners of my extensive homeland. Three years that have passed through the purgatory of the above-mentioned flame. I wrote prose, I wrote poetry, and I wrote in all measures, manners and sizes, for free and for money, I wrote to all the magazines, but... alas!!!... My haters found it necessary not to publish my works, and if they did publish them, only in the letters column.

Полсотни почтовых марок посеял я на «Ниве», сотню утопил в «Неве», с десяток пропалил на «Огоньке», пять сотен просадил на «Стрекозе»*. Короче: всех ответов из всех редакций получил я от начала моей литературной деятельности до сего дня ровно две тысячи! Вчера я получил последний из них, подобный по содержанию всем остальным. Ни в одном ответе не было даже и намека на «да». Юноши и девы! Материальная сторона каждой моей посылки в редакцию обходилась мне, по меньшей мере, в гривенник; следовательно, на литературное препровождение времени просадил я 200 руб. А ведь за 200 руб. можно купить лошадь! Доходов в год я имею 800 франков, только... Поймите!!! И я должен был голодать за то, что воспевал природу, любовь, женские глазки, за то, что пускал ядовитые стрелы в корыстолюбие надменного Альбиона; за то, что делился своим пламенем с... гг., писавшими мне ответы... Две тысячи ответов — двести с лишним рублей, и ни одного «да»! Тьфу! и вместе с тем поучительная материя. Юноши и девы! Праздную сегодня свой юбилей получения двухтысячного ответа, поднимаю бокал за окончание моей литературной деятельности и почиваю на лаврах. Или укажите мне на другого, получившего в три года столько же «нет», или становите меня на незыблемый пьедестал!

Папаша

 Тонкая, как голландская сельдь, мамаша вошла в кабинет к толстому и круглому, как жук, папаше и кашлянула. При входе ее с колен папаши спорхнула горничная и шмыгнула за портьеру; мамаша не обратила на это ни малейшего внимания, потому что успела уже привыкнуть к маленьким слабостям папаши и смотрела на них с точки зрения умной жены, понимающей своего цивилизованного мужа.
 — Пампушка, — сказала она, садясь на папашины колени, — я пришла к тебе, мой родной, посоветоваться. Утри свои губы, я хочу поцеловать тебя.
 Папаша замигал глазами и вытер рукавом губы.
 — Что тебе? — спросил он.

---

* The verbs which are used with the names of the journals demonstrate metaphoric meanings: "Niva" means cultivated land so Chekhov uses the verb "sow". "Neva" is the name of the river in St. Petersburg so the verb is used is "drown".

I sowed fifty stamps for the "Niva", drowned hundreds of them in the "Neva", burnt a dozen for the "Ogonyok", and squandered five hundred for the "Strekoza"*. In short, I have received exactly two thousand replies from all the publishing houses from the beginning of my literary career up to now! Yesterday I received the last one - similar to the rest in content. None of the answers contained even a hint of "yes". Ladies and gentlemen! The material side of each of my parcels to the editor cost me at least 10 kopeks; hence, I have squandered 200 roubles for the literary pastime. But I could buy a horse for 200 roubles! My yearly income is only 800 francs... Try to understand!!! And I had to starve for my glorifying nature, for love, for women's eyes, for shooting poisonous arrows into the greed of haughty Albion; for sharing my fire with ... those gentlemen who wrote me back... Two thousand responses - two hundred roubles, and not a single "yes"! Ugh! Still, it is an education. Young gentlemen and ladies! I am celebrating my jubilee today of having obtained my two thousandth answer, raising a glass to the end of my literary activity and calling it a day. Either point me to someone else who has received the same number of "nos" over three years, or put me onto an unshakable pedestal!

Daddy

As thin as a Dutch herring, mummy entered daddy's room and coughed. He was as fat and round as a beetle in those days. As she entered a maid whirred off daddy's knees and hid behind the curtain; mummy did not pay any attention to it, because she had already got used to daddy's weaknesses and looked at them from the perspective of an intelligent wife who understood her civilized husband.
- Sweetheart - she said, sitting down on his knees - I've come to you, my dear, to get advice. Wipe your mouth, I want to kiss you.
Daddy blinked and wiped his lips with a sleeve.
- What is it? - he asked.

---

* "Ogonyok" means fire so, Chekhov uses the verb "burn". "Strekoza" means a dragonfly so Chekhov uses the verb squander to show speed.

— Вот что, папочка... Что нам делать с нашим сыном?

— А что такое?

— А ты не знаешь? Боже мой! Как вы все, отцы, беспечны! Это ужасно! Пампушка, да будь же хоть отцом наконец, если не хочешь... не можешь быть мужем!

— Опять свое! Слышал тысячу раз уж!

Папаша сделал нетерпеливое движение, и мамаша чуть было не упала с колен папаши.

— Все вы, мужчины, таковы, не любите слушать правды.

— Ты про правду пришла рассказывать или про сына?

— Ну, ну, не буду... Пампуша, сын наш опять нехорошие отметки из гимназии принес.

— Ну, так что ж?

— Как что ж? Ведь его не допустят к экзамену! Он не перейдет в четвертый класс!

— Пускай не переходит. Невелика беда. Лишь бы учился да дома не баловался.

— Ведь ему, папочка, пятнадцать лет! Можно ли в таких летах быть в третьем классе? Представь, этот негодный арифметик опять ему вывел двойку... Ну, на что это похоже?

— Выпороть нужно, вот на что похоже.

Мамаша мизинчиком провела по жирным губам папаши, и ей показалось, что она кокетливо нахмурила бровки.

— Нет, пампушка, о наказаниях мне не говори... Сын наш не виноват... Тут интрига... Сын наш, нечего скромничать, так развит, что невероятно, чтобы он не знал какой-нибудь глупой арифметики. Он всё прекрасно знает, в этом я уверена!

— Шарлатан он, вот что-с! Ежели б поменьше баловался да побольше учился... Сядь-ка, мать моя, на стул... Не думаю, чтоб тебе удобно было сидеть на моих коленях.

Мамаша спорхнула с колен папаши, и ей показалось, что она лебединым шагом направилась к креслу.

— Боже, какое бесчувствие! — прошептала она, усевшись и закрыв глаза. — Нет, ты не любишь сына! Наш сын так хорош, так умен, так красив... Интрига, интрига! Нет, он не должен оставаться на второй год, я этого не допущу!

— Допустишь, коли негодяй скверно учится... Эх, вы, матери!.. Ну, иди с богом, а я тут кое-чем должен... позаняться...

- Look, daddy... What shall we do with our son?
- What is the matter?
- Don't you know? Oh my God! How careless you are, all you fathers! This is terrible! Sweetheart, at least you can be a good father, if you do not want... or cannot be a husband!
- You have started again! I have heard it a thousand times!
Daddy made a sudden movement and mummy nearly fell off his knees.
- All men are all the same, you do not like to hear the truth.
- Have you come to tell about the truth about our son?
- Well, well, I will not... Sweetheart, our son has got bad marks at school again.
- Well, so what?
- What do you mean? This means he will not be allowed to take exams! He will not get into the fourth grade!
- Let it be. Just a small misfortune. He just has to study and not lounge around at home.
- After all, daddy, he is fifteen! Is it right for him at his age to be in the third grade? Imagine, this lousy maths teacher gave him a bad mark again... Well, what can we do?
- He needs whipping. That is how it seems.
Mummy put her little finger on daddy's lips and she thought she coquettishly furrowed her eyebrows.
- No, Sweetheart, do not tell me about punishment... Our son is not guilty... It is confusing... There is nothing to be embarrassed about. Our son is so smart that it is impossible that he does not know any silly arithmetic. He is well aware of that, I am sure!
- He is a charlatan that's what he is! If he relaxed less but studied more... Take a chair, mummy... I don't think you are comfortable on my lap.
Mother whirred off daddy's knees and, in her mind, she floated like a swan towards the chair.
- God, you really don't care, do you? - she whispered, sitting down and closing her eyes. - No, you do not love your son! Our son is so good, so smart, so beautiful... it is so confusing! No, he should not repeat a year, I will not allow it!
- You will if the little sod studied badly... Oh, mothers!.. Well, go with God, and I must... do something here...

Папаша повернулся к столу, нагнулся к какой-то бумажке и искоса, как собака на тарелку, посмотрел на портьеру.

— Папочка, я не уйду... я не уйду! Я вижу, что я тебе в тягость, но потерпи... Папочка, ты должен сходить к учителю арифметики и приказать ему поставить нашему сыну хорошую отметку... Ты ему должен сказать, что сын наш хорошо знает арифметику, что он слаб здоровьем, а потому и не может угождать всякому. Ты принудь учителя. Можно ли мужчине сидеть в третьем классе? Постарайся, пампуша! Представь, Софья Николаевна нашла, что сын наш похож на Париса!

— Для меня это очень лестно, но не пойду! Некогда мне шляться.

— Нет, пойдешь, папочка!

— Не пойду... Слово твердо... Ну, уходи с богом, душенька... Мне бы заняться нужно вот тут кое-чем...

— Пойдешь!

Мамаша поднялась и возвысила голос.

— Не пойду!

— Пойдешь!! — крикнула мамаша, — а если не пойдешь, если не захочешь пожалеть своего единственного сына, то...

Мамаша взвизгнула и жестом взбешенного трагика указала на портьеру... Папаша сконфузился, растерялся, ни к селу ни к городу запел какую-то песню и сбросил с себя сюртук... Он всегда терялся и становился совершенным идиотом, когда мамаша указывала ему на его портьеру. Он сдался. Позвали сына и потребовали от него слова. Сынок рассердился, нахмурился, насупился и сказал, что он арифметику знает лучше самого учителя и что он не виноват в том, что на этом свете пятерки получаются одними только гимназистками, богачами да подлипалами. Он разрыдался и сообщил адрес учителя арифметики во всех подробностях. Папаша побрился, поводил у себя по лысине гребнем, оделся поприличнее и отправился «пожалеть единственного сына».

По обыкновению большинства папашей, он вошел к учителю арифметики без доклада. Каких только вещей не увидишь и не услышишь, вошедши без доклада! Он слышал, как учитель сказал своей жене: «Дорого ты стоишь мне, Ариадна!.. Прихоти твои не имеют пределов!» И видел, как учительша бросилась на шею к учителю и сказала: «Прости меня!

Daddy turned to the table, bent over a piece of paper and then looked sideways at the curtain like a dog at a plate of food.
- Daddy, I'm not leaving... I'm not leaving! I see that I am an inconvenience to you, but be patient... Daddy, you have to go to the maths teacher and order him to give our son a good grade... You have to tell him that our son knows arithmetic but that he has a weak constitution and so cannot concentrate on all of his subjects. You should force the teacher. Can a man sit in the third grade? Try, Sweetheart! Imagine, Sophia Nikolaevna has found out that our son is similar to Paris from the Aeneid!
- You're trying to flatter me, but I will not go! I have no time to mess around.
- No, you will go daddy!
- I will not... My word is final... Well, go with God, my dear... I really need to do something here...
- You will go!
Mummy stood up and raised her voice.
- I will not go!
- You will go!! - mummy shouted - and if you do not go, if you do not want to help out your only son, then...
Mummy screamed and furiously pointed at the curtain like a frenzied actor in a tragedy... Daddy was embarrassed and confused but sat rooted to the spot in dumb silence... He always got lost and became quite an idiot when mummy pointed at his curtain. He surrendered. They called their son in and asked him to explain himself. The son got angry, frowned and said that he knew arithmetic better than his teacher and that he cannot be blamed for the fact that in this world the top grades are given to schoolgirls, the rich and flatterers. He burst into tears and told daddy his maths teacher's exact address. Daddy shaved, brushed his bald head with a comb, put on some smart clothes and went "to help out their only son."
As most dads do, he came to the maths teacher without his son's report. How can you argue for anything when you come without the report! He heard the teacher telling his wife, 'You're costing me a fortune, Ariadne!.. Your whims have no limits!' And he saw the teacher's wife falling upon his neck and saying, 'Forgive me!

Ты мне дешево стоишь, но я тебя дорого ценю!» Папаша нашел, что учительша очень хороша собой и что будь она совершенно одета, она не была бы так прелестна.

— Здравствуйте! — сказал он, развязно подходя к супругам и шаркая ножкой. Учитель на минуту растерялся, а учительша вспыхнула и с быстротою молнии шмыгнула в соседнюю комнату.

— Извините, — начал папаша с улыбочкой, — я, может быть, того... вас в некотором роде обеспокоил... Очень хорошо понимаю... Здоровы-с? Честь имею рекомендоваться... Не из безызвестных, как видите... Тоже служака... Ха-ха-ха! Да вы не беспокойтесь!

Г-н учитель чуточку, приличия ради, улыбнулся и вежливо указал на стул. Папаша повернулся на одной ножке и сел.

— Я, — продолжал он, показывая г. учителю свои золотые часы, — пришел с вами поговорить-с... Мм-да... Вы, конечно, меня извините... Я по-ученому выражаться не мастер. Наш брат, знаете ли, всё спроста... Ха-ха-ха! Вы в университете обучались?

— Да, в университете.

— Так-ссс!.. Н-ну, да... А сегодня тепло-с... Вы, Иван Федорыч, моему сынишке двоек там наставили... Мм... да... Но это ничего, знаете... Кто чего достоин... Ему же дань — дань, ему же урок — урок... Хе-хе-хе!.. Но, знаете ли, неприятно. Неужели мой сын плохо арифметику понимает?

— Как вам сказать? Не то, чтобы плохо, но, знаете ли, не занимается. Да, он плохо знает.

— Почему же он плохо знает?

Учитель сделал большие глаза.

— Как почему? — сказал он. — Потому, что плохо знает и не занимается.

— Помилуйте, Иван Федорыч! Сын мой превосходно занимается! Я сам с ним занимаюсь... Он ночи сидит... Он всё отлично знает... Ну, а что пошаливает... Ну, да ведь это молодость... Кто из нас не был молод? Я вас не обеспокоил?

— Помилуйте, что вы?.. Очень вам благодарен даже... Вы, отцы, такие редкие гости у нас, педагогов... Впрочем, это показывает на то, как вы сильно нам доверяете; а главное во всем — это доверие.

— Разумеется... Главное — не вмешиваемся... Значит, сын мой не перейдет в IV класс?

— Да. У него ведь не по одной только арифметике годовая двойка?

You are frugal but I appreciate you so much!' Daddy found that the teacher's wife was very pretty, and if she had been completely dressed she would not have been so charming.

- Hello! - He said, casually approaching the couple and shuffling his feet. The teacher was confused for a moment and his wife flashed like lightning and darted into the next room.

- Sorry – began daddy with a smile – I'm, er, really sorry ... if I'm disturbing you in any way... I am fully aware of it ... How are you, sir? I have the honour to recommend myself... not from the masses, as you can see... I am also an official... Ho! Ho! Ho! But don't worry! The teacher smiled a little for decency's sake and politely pointed at the chair. Daddy turned on one leg and sat down.

- I have come, - he continued, showing his gold watch to the teacher, - to talk to you... Uh-huh... Of course, you will excuse me... I am not a master of eloquence. Our brother, you know, everything is casual... Ho! Ho! Ho! Did you study at university?

- Yes, I did.

- Great!.. W-well, yes ... And today it is hot... You, Ivan Fedorovich, gave my little son a lot of bad marks... Uh... yeah... But it is nothing, you know what... Who is worthy... He contributed – a, er, contribution, he is taught...a lesson... Heh, heh, heh!.. But, you know, it is unpleasant. Is my son really so far behind in maths?

- What should I say? It's not that bad, but, you know, he does not study. Yes, he does struggle with it.

- Why is he struggling?

The teacher opened his eyes wide.

- Why? - he said. - Because he is bad at it and does not study.

- Excuse me, Ivan Fedorovich! My son does his homework excellently! I do arithmetic with him myself... He sits at night... He knows everything... Well, he is a lounger... Well, it is youth... Who among us was not young? Am I interrupting anything?

- Excuse me, what are you talking about?.. Thank you very much... fathers are rare guests for teachers... However, it shows how much you trust us; and what is the most important of all is trust.

- Of course... The main thing is not to interfere... So, my son will not go to the fourth grade?

- No, he will not. He has poor marks not only in arithmetic but also...

— Можно будет и к другим съездить. Ну, а насчет арифметики?.. Хххе!.. Исправите?

— Не могу-с! (Учитель улыбнулся.) Не могу-с!.. Я желал, чтобы сын ваш перешел, я старался всеми силами, но ваш сын не занимается, говорит дерзости... Мне несколько раз приходилось иметь с ним неприятности.

— М-молод... Что поделаешь?! Да вы уж переправьте на троечку!

— Не могу!

— Да ну, пустяки!.. Что вы мне рассказываете? Как будто бы я не знаю, что можно, чего нельзя. Можно, Иван Федорыч!

— Не могу! Что скажут другие двоечники? Несправедливо, как ни поверните дело. Ей-ей, не могу!

Папаша мигнул одним глазом.

— Можете, Иван Федорыч! Иван Федорыч! Не будем долго рассказывать! Не таково дело, чтобы о нем три часа балясы точить... Вы скажите мне, что вы по-своему, по-ученому, считаете справедливым? Ведь мы знаем, что такое ваша справедливость. Хе-хе-хе! Говорили бы прямо, Иван Федорыч, без экивок! Вы ведь с намерением поставили двойку... Где же тут справедливость?

Учитель сделал большие глаза и... только; а почему он не обиделся — это останется для меня навсегда тайною учительского сердца.

— С намерением, — продолжал папаша. — Вы гостя ожидали-с. Ха-хе-ха-хе!.. Что ж? Извольте-с!.. Я согласен... Ему же дань — дань... Понимаю службу, как видите... Как ни прогрессируйте там, а... все-таки, знаете... ммда... старые обычаи лучше всего, полезнее... Чем богат, тем и рад.

Папаша с сопеньем вытащил из кармана бумажник, и двадцатипятирублевка потянулась к кулаку учителя.

— Извольте-с!

Учитель покраснел, съежился и... только. Почему он не указал папаше на дверь — для меня останется навсегда тайной учительского сердца...

— Вы, — продолжал папаша, — не конфузьтесь... Ведь я понимаю... Кто говорит, что не берет, — тот берет... Кто теперь не берет? Нельзя, батенька, не брать... Не привыкли еще, значит? Пожалуйте-с!

— Нет, ради бога...

- I will go to other teachers too. Well, what about arithmetic?.. Huh!.. Will you fix it?
- I cannot, sir! (The teacher smiled.) I cannot, sir!.. I wish that your son had passed, I tried in every way, but your son does not study, he talks back... Several times I had trouble with him.
- Y-young... What can we do?! Yes, but give him a C grade!
- I cannot!
- Oh, nonsense!.. What are you saying? As if I do not know what is possible and what is not. You can, Ivan Fedorovich!
- I cannot! What would other "D" students say? It is unfair, whatever could say. By golly, I cannot!
Dad winked.
- You can, Ivan Fedorovich! Ivan Fedorovich! We won't beat about the bush! It is not worth three hours of idle chatter.... You should tell me what you consider fair? After all, we know what your "justice" is. Heh-heh-heh! You had better be direct, Ivan Fedorovich, no diversions! You have given him a bad mark on purpose... Where is the justice?
The teacher opened his eyes wide and... why he did not get offended? A teacher's heart will remain a mystery for me.
- On purpose – continued daddy. – You have waited for a guest, sir. Ha-ha-ha-ha!.. Well? Very well, sir!.. I agree... A contribution... I understand the service, as you can see... No matter how progressive you are, but... still, you know... huh... old ways are better, more useful ... You are welcome to all we have.
Sniffing, daddy pulled out his wallet and proffered a twenty-five rouble banknote.
- You are welcome, sir!
The teacher blushed and cringed... only. Why did he not direct dad to the door, a teacher's heart will remain a mystery for me...
- Don't take this the wrong way - continued daddy – Because I understand... Who says that he does not take bribes - he takes... Who does not take bribes in our time? You cannot, my friend, refuse... You haven't got used to it yet then? Welcome, sir!
- No, for God's sake...
- Too little? Well, I cannot give more... Do you refuse?
- Good heavens!..

— Мало? Ну, больше дать не могу... Не возьмете?

— Помилуйте!..

— Как прикажете... Ну, а уж двоечку исправьте!.. Не так я прошу, как мать... Плачет, знаете ли... Сердцебиение там и прочее...

— Вполне сочувствую вашей супруге, но не могу.

— Если сын не перейдет в IV класс, то... что же будет?.. Ммда... Нет, уж вы переведите его!

— Рад бы, но не могу... Прикажете папиросу?

— Гранд мерси... Перевести бы не мешало... А в каком чине состоите?

— Титулярный... Впрочем, по должности VIII-го класса. Кгм!..

— Так-ссс... Ну, да мы с вами поладим... Единым почерком пера, а? идет? Хе-хе!..

— Не могу-с, хоть убейте, не могу!

Папаша немного помолчал, подумал и опять наступил на г. учителя. Наступление продолжалось еще очень долго. Учителю пришлось раз двадцать повторить свое неизменное «не могу-с». Наконец папаша надоел учителю и стал больше невыносим. Он начал лезть целоваться, просил проэкзаменовать его по арифметике, рассказал несколько сальных анекдотов и зафамильярничал. Учителя затошнило.

— Ваня, тебе пора ехать! — крикнула из другой комнаты учительша. Папаша понял, в чем дело, и своею широкою фигуркой загородил г. учителю дверь. Учитель выбился из сил и начал ныть. Наконец ему показалось, что он придумал гениальнейшую вещь.

— Вот что, — сказал он папаше. — Я тогда только исправлю вашему сыну годовую отметку, когда и другие мои товарищи поставят ему по тройке по своим предметам.

— Честное слово?

— Да, я исправлю, если они исправят.

— Дело! Руку вашу! Вы не человек, а — шик! Я им скажу, что вы уже исправили. Идет девка за парубка! Бутылка шампанского за мной. Ну, а когда их можно застать у себя?

— Хоть сейчас.

— Ну, а мы, разумеется, будем знакомы? Заедете когда-нибудь на часок попросту?

- As you wish... Oh, please, correct his bad grade!.. If not, I am begging on behalf of his mother... She is crying, you know... Her hearts pounding and her...
- I quite sympathize with your wife, but I cannot.
- If my son does not go to the fourth grade, then... what will happen?.. Huh... No, you have to let him pass!
- I would be glad to, but I cannot... Would you like a cigarette?
- Grand merci... Passing would be great... And what is your rank?
- A titular counsellor... However, I am ranked for the 8-th grade. Hum!..
- That is great... Well, we will get along... with one stroke of the pen, eh? Settled? Heh!..
- I cannot, sir. Even if you threaten to kill me, I cannot!

Daddy paused, thought about it and again started putting pressure on the teacher. The offensive campaign lasted for a very long time. The teacher had to repeat his everlasting 'I cannot' twenty times. Finally the teacher was fed up with daddy as he became absolutely unbearable. Daddy pulled the teacher towards him to give him a kiss and asked to test the teacher mathematical knowledge, then told several corny jokes and even tried blatant flattery. The teacher felt sick.

- Ivan, you have to go! - shouted the teacher's wife from another room. Daddy realized what was happening and blocked the teacher's way to the door with his plump figure. The teacher was exhausted and began to whine. Finally, it seemed to him that he came up with a genius idea.

- You know what - he told daddy. - I will fix your son's bad mark when my other colleagues give him Cs in their subjects.
- Are you telling the truth?
- Yes, I will fix it, if they do it.
- Deal! Give me your hand! You really know how to drive a bargain! I will tell them that you have already given him a C. A promise is a promise! I will buy you a bottle of champagne. Well, when can I catch them at home?
- Right now.
- Well, of course, do you consider me to be one of your acquaintances now? Will you pay a visit one day just for an hour?

— С удовольствием. Будьте здоровы!

— О ревуар! Хе-хе-хе-хмы!.. Ох, молодой человек, молодой человек!.. Прощайте!.. Вашим господам товарищам, разумеется, от вас поклон? Передам. Вашей супруге от меня почтительное резюме... Заходите же!

Папаша шаркнул ножкой, надел шляпу и улетучился.

«Славный малый, — подумал г. учитель, глядя вслед уходившему папаше. — Славный малый! Что у него на душе, то и на языке. Прост и добр, как видно... Люблю таких людей».

В тот же день вечером у папаши на коленях опять сидела мамаша (а уж после нее сидела горничная). Папаша уверял ее, что «сын наш» перейдет и что ученых людей не так уломаешь деньгами, как приятным обхождением и вежливеньким наступлением на горло.

Перед свадьбой

В четверг на прошлой неделе девица Подзатылкина в доме своих почтенных родителей была объявлена невестой коллежского регистратора Назарьева. Сговор сошел как нельзя лучше. Выпито было две бутылки ланинского шампанского[*], полтора ведра водки; барышни выпили бутылку лафита. Папаши и мамаши жениха и невесты плакали вовремя, жених и невеста целовались охотно; гимназист восьмого класса произнес тост со словами: «O tempora, o mores!» и «Salvete, boni futuri conjuges!» — произнес с шиком; рыжий Ванька Смысломалов, в ожидании вынутия жребия ровно ничего не делающий, в самый подходящий момент, в «самый раз» ударился в страшный трагизм, взъерошил волосы на своей большой голове, трахнул кулаком себя по колену и воскликнул: «Чёрт возьми, я любил и люблю ее!», чем и доставил невыразимое удовольствие девицам.

Девица Подзатылкина замечательна только тем, что ничем не замечательна. Ума ее никто не видал и не знает, а потому о нем — ни слова. Наружность у нее самая обыкновенная: нос папашин, подбородок мамашин, глаза кошачьи, бюстик посредственный. Играть на фортепьяне умеет, но без нот; мамаше на кухне помогает, без корсета не ходит,

---

[*] Cheap and artificial alcohol beverage produced for the general population by the merchant Lanin and widely advertised in newspapers.

- I'd love to. God bless you!
- Au revoir! Heh-heh-heh-hum!.. Oh, young man, young man!.. Goodbye!.. Will I have to beg to your fellow gentlemen, of course? I will. Pay my respects to your wife... Come visit us!
Dad shuffled his legs, put on his hat and vanished.
'Nice guy - thought the teacher about him as he watched daddy leave. - A nice guy! Just says exactly what he's thinking. Simple and kind, as you can see... I love such people.'
On the same day later in the evening mummy was sitting again on daddy's lap (and this time she was there before the maid). Daddy assured mummy that "their son" will proceed to the fourth grade and these new scientists can be bought over not with the help of money but pleasant manners and flattery.

Before The Wedding

Last week on Thursday lady Podzatylkina was declared to be the venerable bride of the collegiate registrar Nazariev at her parent's house. The match went perfectly well. Two bottles of Lanin'schampagne and half a bucket of vodka were drunk; the ladies drank a bottle of Lafitte. The groom's and the bride's parents were weeping as the bride and groom were kissing each other; an eighth grade schoolboy made a stylish toast with the words, 'O tempora, o mores!' and 'Salvete, boni futuri conjuges!'[*], ; the redhead Van'ka Smyslomalov, waiting for the drawing of lots and doing absolutely nothing, at the right time and in "just the right" manner, got into a terrible mess, tousled the hair on his big head, hit his knee with his fist and exclaimed, 'Damn it, I loved and I love her!' and in so doing brought untold pleasure to young ladies.
Lady Podzatylkina is remarkable only in that way that she is in no way remarkable. No one has ever seen or known her thoughts so we will not say a word about them. Her appearance is the most ordinary: her father's nose, her mum's chin, cat-like eyes and a mediocre bust. She can play the piano, but without printed music; she helps her mother in the kitchen, never walks without a corset,

---

[*] A happy future for the married couple!

постного кушать не может, в уразумении буквы «?» видит начало и конец всех премудростей и больше всего на свете любит статных мужчин и имя «Роланд».

Господин Назарьев — мужчина роста среднего, лицо имеет белое, ничего не выражающее, волосы курчавые, затылок плоский. Где-то служит, жалованье получает тщедушное, едва на табак хватающее; вечно пахнет яичным мылом и карболкой, считает себя страшным волокитой, говорит громко, день и ночь удивляется; когда говорит — брызжет. Франтит, на родителей смотрит свысока и ни одну барышню не пропустит, чтобы не сказать ей: «Как вы наивны! Вы бы читали литературу!» Любит больше всего на свете свой почерк, журнал «Развлечение» и сапоги со скрипом, а наиболее всего самого себя, и в особенности в ту минуту, когда сидит в обществе девиц, пьет чай внакладку и с остервенением отрицает чертей.

Вот каковы девица Подзатылкина и господин Назарьев!

На другой день после сговора, утром, девица Подзатылкина, восстав от сна, была позвана кухаркой к мамаше. Мамаша, лежа на кровати, прочла ей следующую нотацию:

— С какой это стати ты нарядилась сегодня в шерстяное платье? Могла бы нонче и в барежевом походить. Голова-то как болит, ужасть! Вчера лысая образина, твой отец то есть, изволил пошутить. Нужны мне его шутки дурацкие! Подносит это мне что-то в рюмке... «Выпей», говорит. Думала, что в рюмке вино, — ну, и выпила, а в рюмке-то был уксус с маслом из-под селедок. Это он пошутил, пьяная образина! Срамить только, слюнявый, умеет! Меня сильно изумляет и удивляет, что ты вчера веселая была и не плакала. Чему рада была? Деньги нашла, что ли? Удивляюсь! Всякий и подумал, что ты рада родительский дом оставить. Оно, должно быть, так и выходит. Что? Любовь? Какая там любовь? И вовсе ты не по любви идешь за своего, а так, за чином его погналась! Что, разве неправда? То-то, что правда. А мне, мать моя, твой не нравится. Уж больно занослив и горделив. Ты его осади... Что-о-о-о? И не думай!.. Через месяц же драться будете: и он таковский, и ты таковская. Замужество только девицам одним нравится, а в нем ничего нет хорошего. Сама испытала, знаю.

cannot eat lean food, sees the beginning and the end of all wisdom in the ability to answer questions, and most of all she loves handsome men and the name "Roland".

Mr. Nazariev is a man of medium height, his face is white and blank, he has curly hair and the back of his head is flat. He serves somewhere and gets a miserable salary, barely enough for tobacco; he always smells of egg soap and opiates and considers himself a terrible loafer, speaks loudly and gets surprised day and night; when he speaks, he splatters. He's a bit of a playboy, looks down on his parents and never misses a chance to say 'How naïve you are! You had better read some books!' to a young lady. He loves nothing more than his own style, the magazine "Distractions"[*] and his creaking boots, and most of all he loves himself, especially when he's sitting among ladies drinking tea and droning on at length.

That is what kind of people lady Podzatylkina and Mr. Nazariev are! The day after they got engaged, in the morning, lady Podzatylkina was called to her mother by a female cook. Her mother, lying on her bed, lectured her:

- Why have you put on a woolen dress today? You could wear a muslin dress. I have got a terrible headache! Yesterday your father, the bald ugly mug, deigned to make fun of me. As if I need his stupid jokes! He brings me something in a glass... 'Drink', he says. Well, I thought that it was a glass of wine, and I drank, but it was vinegar with oil made from herrings. He just laughed, the drunk ugly mug! He only knows how to bring shame, the slobbering man! I was amazed and surprised that you were so happy yesterday and did not cry. Why were you glad? Have you found money, or what? I'm surprised! Everyone thought that you must be happy to leave your parents' home. That must be it. What? Love? What is love? And you will not marry him because you love him; you are just in pursuit for his rank! That's it, isn't it? That's just the truth. And I, my dear, I do not like your choice. He is painfully arrogant and proud. You should put him in his place... What? Don't even think about it!.. You will be fighting a month later. You make a right pair. Only girls like the idea of marriage but in truth there is nothing good in it.

---

*An illustrated literary and humorous magazine, published in weekly Moscow in from 1859 to 1916

Поживёшь — узнаешь. Не вертись так, у меня и без того голова кружится. Мужчины все дураки, с ними жить не очень-то сладко. И твой тоже дурак, хоть и высоко голову держит. Ты его не больно-то слушайся, не потакай ему во всём и не очень-то уважай: не за что. Обо всем мать спрашивай. Чуть что случится, так и иди ко мне. Сама без матери ничего не делай, боже тебя сохрани! Муж ничего доброго не посоветует, добру не научит, а всё норовит в свою пользу. Ты это знай! Отца также не больно слушай. К себе в дом не приглашай жить, а то ты, пожалуй, чего доброго, сдуру... и ляпнешь. Он так и норовит с вас стянуть что-нибудь. Будет у вас сидеть по целым дням, а на что он вам сдался? Водки будет просить да мужнин табак курить. Он скверный и вредный человек, хоть и отец тебе. Лицо-то у него, негодника, доброе, ну, а душа зато страсть какая ехидная! Занимать денег станет — не давайте, потому что он жулик, хоть он и тютюлярный советник. Вон он кричит, тебя зовет! Ступай к нему, да не говори ему того, что я тебе сейчас про него говорила. А то сейчас пристанет, изверг рода христианского, горой его положь! Ступай, покедова у меня сердце на месте!.. Враги вы мои! Умру, так попомните слова мои! Мучители!

Девица Подзатылкина оставила мать свою и отправилась к папаше, который сидел в это время у себя на кровати и посыпал свою подушку персидским порошком.

— Дочь моя! — сказал ей папаша. — Я очень рад, что ты намерена сочетаться с таким умным господином, как господин Назарьев. Очень рад и вполне одобряю сей брак. Выходи, дочь моя, и не страшись! Брак это такой торжественный факт, что... ну, да что там говорить? Живи, плодись и размножайся. Бог тебя благословит! Я... я... плачу. Впрочем, слезы ни к чему не ведут. Что такое слезы человеческие? Одна только малодушная психиатрия и больше ничего! Выслушай же, дочь моя, совет мой! Не забывай родителей своих! Муж для тебя не будет лучше родителей, право, не будет! Мужу нравится одна только твоя материальная красота, а нам ты вся нравишься. За что тебя будет любить муж твой? За характер? За доброту? За эмблему чувств? Нет-с! Он будет любить тебя за приданое твое. Ведь мы даем за тобой, душенька, не копейку какую-нибудь,

I have experienced it myself, I know. Let's wait and see. Do not fidget, I already felt dizzy. Men are fools. Living with them is not very sweet. And yours is stupid too, though he holds his head high. You should not listen to him, do not follow him around and do not respect him, that's only way to deal with him. Consult me about everything. If something, anything – no matter how small, happens, come to me. Do not do anything without your mother, God save you! A husband will not advise anything good and will not teach anything good, but he will attempt to do everything in his favour. You should know this! Do not listen to your father so much. Do not invite him to live in your house as you might foolishly blurt it out. He will just leach on your resources. He just sit in your house all day long, why on earth do you need him? He will ask for vodka and smoke your husband's tobacco. He is a nasty and hurtful man, though he is your father. His stupid face is kind-looking, but he has the soul of a viper! If he asks to borrow money, do not give it to him because he is a crook, even though he is a titular councillor. Now he is shouting, calling you! Go to him but do not tell him what I have been telling you about him. He will persecute me as a monster of the Christian race. Ah, it can all go to hell! Go, until I am not worried!.. You are my enemies! If I die, remember my words! Torturers!
Lady Podzatylkina left her mother and went to her father who was sitting at this time on his bed and sprinkled his pillow with Persian powder.

- My daughter! - her father said. - I am very glad that you intend to marry such an intelligent gentleman as Mr. Nazariev. I am very happy and quite approve of this marriage. Marry, my daughter, and do not be afraid! Marriage is a solemn fact... well, what can I say? Live, be fruitful and multiply. God bless you! I ... I ... am crying. However, tears lead to nothing. What are human tears? Only a display of cowardice psychiatry and nothing else! My daughter, listen to my advice! Do not forget your parents! A husband will not be better for you than your parents for you, by golly, he will not be! Your husband likes only your physical beauty but and we love you completely. What will your husband love you for? For your character? For your kindness? For showing your feelings? No! He will love you for your dowry. After all, we give you, my dear, not a

а ровно тысячу рублей! Ты это понять должна! Господин Назарьев весьма хороший господин, но ты его не уважай паче отца. Он прилепится к тебе, но не будет истинным другом твоим. Будут моменты, когда он... Нет, умолчу лучше, дочь моя! Мать, душенька, слушай, но с осторожностью. Женщина она добрая, но двулично-вольнодумствующая, легкомысленная, жеманственная. Она благородная, честная особа, но... шут с ней! Она тебе того посоветовать не может, что советует тебе отец твой, бытия твоего виновник. В дом свой ее не бери. Мужья тещей не обожают. Я сам не любил своей тещи, так не любил, что неоднократно позволял себе подсыпать в ее кофей жженой пробочки, отчего выходили весьма презентабельные проферансы. Подпоручик Зюмбумбунчиков военным судом за тещу судился. Разве не помнишь сего факта? Впрочем, тебя еще тогда на свете не существовало. Главное во всем и везде отец. Это ты знай и одного его только и слушай. Потом, дочь моя... Европейская цивилизация породила в женском сословии ту оппозицию, что будто бы чем больше детей у особы, тем хуже. Ложь! Баллада! Чем больше у родителей детей, тем лучше. Впрочем, нет! Не то! Совсем наоборот! Я ошибся, душенька. Чем меньше детей, тем лучше. Это я вчера читал в одной журналистике. Какой-то Мальтус сочинил. Так-то... Кто-то подъехал... Ба! Да это жених твой! С шиком, канашка, шельмец этакой! Ай да мужчина! Настоящий Вальтер Скотт! Пойди, душенька, прими его, а я пока оденусь.

Прикатил господин Назарьев. Невеста встретила его и сказала:

— Прошу садиться без церемоний!

Он шаркнул два раза правой ногой и сел возле невесты.

— Как вы поживаете? — начал он с обычною развязностью. — Как вам спалось? А я, знаете ли, всю ночь напролет не спал. Зола читал да о вас мечтал. Вы читали Зола? Неужели нет? Ай-я-яй! Да это преступление! Мне один чиновник дал. Шикарно пишет! Я вам прочитать дам. Ах! Когда бы вы могли понять! Я такие чувствую чувства, каких вы никогда не чувствовали! Позвольте вас чмокнуть!

penny but exactly one thousand roubles! You must understand this! Mr. Nazariev is a very good gentleman, but you should not respect him more than your father. He will fawn on you, but he will not be a true friend of yours. There will be moments when he... No, I had better keep silent, my daughter! You can listen to your mother but with caution, she is kind but hypocritically freethinking, frivolous and, well, a women. She is a noble and honest person, but ... hell with her! She cannot advise you based on what your father does. Do not take her into your house. Husbands do not love mothers-in-law. I did not like my mother-in-law; I so much hated her that I repeatedly poured hot punch in her coffee that resulted in a quite pleasant improvement in her temperament. Lieutenant Zyumbumbunchikov sued his mother-in-law in the military court. Do you remember that? Of course you don't, it happened before you were born. Your father will always be the one who is looking out for your interests. This is you what you must know and I am the only one to listen to. Then, my daughter... In some circles of European civilization there is a queer idea which has arisen among the female member of high society that the more children a woman has the worse it is. Lies! Nonsense! The more children parents have the better it is. But no! Not that! Quite the contrary! I have made a mistake, my dear. The fewer children they have, the better. Yesterday I read about it in a journal by some Malthus* wrote. That is the case ... Someone is riding up to the door... God! Yes, it is your groom! God take the rascal! What a man! A real Walter Scott! Come, my dear, entertain him while I get dressed.

Mr. Nazariev drove up. His bride met him and said:

- Please sit down and make yourself at home!

He scraped his right foot twice and sat down beside the bride.

- How are you? - He said in his usual swaggering manner. - How did you sleep? And I didn't sleep at all, you know. I read Zola and dreamed about you. Have you read Zola? Really not? Shame on you! Yes, it is a crime! One official gave it to me. Such elegant writing! I will let you read it. Ah! If you could understand! I have such feelings, you have never felt! Let me kiss you!

---

* Thomas Robert Malthus (1766 – 1834) was an English cleric and scholar, influential in the fields of political economy and demography

Господин Назарьев привстал и поцеловал нижнюю губу девицы Подзатылкиной.

— А где ваши? — продолжал он еще развязнее. — Мне их повидать надо. Я на них, признаться, немножко сердит. Они меня здорово надули. Вы заметьте... Ваш папаша говорили мне, что оне надворный советник, а оказывается теперь, что оне всего только титулярный. Гм!.. Разве так можно? Потом-с... Оне обещали дать за вами полторы тысячи, а маменька ваша вчера сказали мне, что больше тысячи я не получу. Разве это не свинство? Черкесы кровожадный народ, да и то так не делают. Я не позволю себя надувать! Всё делай, но самолюбия и самозабвения моих не трогай! Это не гуманно! Это не рационально! Я честный человек, а потому не люблю нечестных! У меня всё можно, но не хитри, не язви, а делай так, как совесть у человека! Так-то! У них и лица какие-то невежественные! Что это за лица? Это не лица! Вы меня извините, но родственных чувств я к ним не чувствую. Вот как повенчаемся, так мы их приструним. Нахальства и варварства не люблю! Я хоть и не скептик и не циник, а всё-таки в образовании толк понимаю. Мы их приструним! Мои родители у меня давно уж ни гу-гу. Что, вы уж пили кофей? Нет? Ну, так и я с вами напьюсь. Пойдите мне на папироску принесите, а то я свой табак дома забыл.

Невеста вышла.

Это перед свадьбой... А что будет после свадьбы, я полагаю, известно не одним только пророкам да сомнамбулам.

По-американски

Имея сильнейшее поползновение вступить в самый законнейший брак и памятуя, что никакой брак без особы пола женского не обходится, я имею честь, счастие и удовольствие покорнейше просить вдов и девиц обратить свое благосклонное внимание на нижеследующее:

Я мужчина — это прежде всего. Это очень важно для барынь, разумеется. 2 аршина 8 вершков роста. Молод. До пожилых лет мне далеко, как кулику до Петрова дня. Знатен. Некрасив, но и недурен, и настолько недурен, что неоднократно в темноте по ошибке за красавца принимаем был.

Mr. Nazariev stood up and kissed her lady Podzatylkina's lower lip. - Where are your parents? - He went on. - I need to see them. I must admit, I am a bit angry with them. They have cheated me. You should notice... Your father told me that he is a court counselor, and now it turns out that he is only a titular one. Hah!.. Is it possible? Then ... He promised to give you a thousand and a half and your mum told me yesterday that I would not get more than a thousand. Isn't that disgusting? The Circassians are bloodthirsty people and even they don't act like this. I will not let myself be cheated! You can do anything but do not offend my self-esteem and selflessness! This is not humane! It is not rational! I am an honest person, so I do not like those who are dishonest! I will still go ahead but do not play cat and mouse with me, do not taunt me but just act fairly! That is the way! Their faces are somehow stupid! What are their faces like? They are not faces! Excuse me, but I do not have any positive feelings towards them. After getting married, we will bring them to heel. I do not like their insolence and barbarity! Though I am neither a skeptic nor a cynic, I am still an expert in education. We will bring them to heel! My parents have been wrapped round my little finger for a long time. Have you drunk any coffee yet? No? Well, I'll drink with you. Go and bring me a cigarette. I left my tobacco at home.

The bride came out.

This is before the wedding ... And what will happen after the wedding; only the religious and the sleepwalkers can't see what's coming...

It's the American Way

Having a strong intention to get legally married and bearing in mind that there is no marriage without a female, I have the honour, happiness and pleasure to humbly ask widows and young ladies to pay their kind attention to the following:

To begin with, I am a man. This is very important for the ladies, of course. I am 5 foot 10. I am young. I am miles from the elderly years. I am a nobleman. Not handsome, but not ugly-looking, and so passable that many times in the dark I was mistaken for a bit of a

Глаза имею карие. На щеках (увы!) ямочек не имеется. Два коренных зуба попорчены. Элегантными манерами похвалиться не могу, но в крепости мышц своих никому сомневаться не позволю. Перчатки ношу № 7?. Кроме бедных, но благородных родителей, ничего не имею. Впрочем, имею блестящую будущность. Большой любитель хорошеньких вообще и горничных в особенности. Верю во всё. Занимаюсь литературой и настолько удачно, что редко проливаю слезы над почтовым ящиком «Стрекозы».* Имею в будущем написать роман, в котором главной героиней (прекрасной грешницей) будет моя супруга. Сплю 12 часов в сутки. Ем варварски много. Водку пью только в компании. Имею хорошее знакомство. Знаком с двумя литераторами, одним стихотворцем и двумя дармоедами, поучающими человечество на страницах «Русской газеты». Любимые мои поэты Пушкарев и иногда я сам. Влюбчив и не ревнив. Хочу жениться по причинам, известным одному только мне да моим кредиторам. Вот каков я! А вот какова должна быть и моя невеста:

Вдова или девица (это как ей угодно будет) не старше 30 и не моложе 15 лет. Не католичка, т. е. знающая, что на сем свете нет непогрешимых, и во всяком случае не еврейка. Еврейка всегда будет спрашивать: «А почем ты за строчку пишешь? А отчего ты к папыньке не сходил, он бы тебя наживать деньги науцил?», а я этого не люблю. Блондинка с голубыми глазами и (пожалуйста, если можно) с черными бровями. Не бледна, не красна, не худа, не полна, не высока, не низка, симпатична, не одержима бесами, не стрижена, не болтлива и домоседка. Она должна:

Иметь хороший почерк, потому что я нуждаюсь в переписчице. Работы по переписке мало.

Любить журналы, в которых я сотрудничаю, и в жизни своей направления оных придерживаться.

Не читать «Развлечения», «Еженедельного Нового времени», «Нана», не умиляться передовыми статьями «Московских ведомостей» и не падать в обморок от таковых же статей «Берега».

Уметь: петь, плясать, читать, писать, варить, жарить, поджаривать, нежничать, печь (но не распекать), занимать мужу деньги, со вкусом одеваться на собственные средства (NB) и жить в абсолютном послушании.

Не уметь: зудеть, шипеть, пищать, кричать, кусаться, скалить зубы, бить посуду и делать глазки друзьям дома.

---

*A humorous, satirical, liberal newspaper published in Petersburg 1875-1918

dandy. I have brown eyes. Alas, I have no dimples on my cheeks. Two of my molars are spoiled. I cannot boast of elegant manners, but there's no doubting the strength of my muscles. I wear size 7 gloves. I have nothing except poor but noble parents. However, I have a brilliant future. In general, I am a great lover of pretty ladies and of maids in particular. I believe in everything. I am engaged in literature and I rarely shed tears over the letters published in "Strekoza". I have to write a novel in the future in which my wife will be the main heroine (a beautiful sinner). I sleep 12 hours per day. I eat like a pig. I drink vodka, but only socially. I have good social contacts. I am familiar with two writers, one poet and two parasites, who teach humanity on the pages of the "Russkaya Gazeta". My favourite poet is Pushkarev (although sometimes I love my own works more). I am amorous and not jealous. I want to marry for reasons known only to me and my creditors. That is what I am! And what should my bride look like:

A widow or an unmarried girl who is not older than 30 and not younger than 15 years old. Not a Catholic believer i.e. she must be aware that there are no infallible people in this world and in any case she must not be Jewish. A Jewish lady will always ask, 'And how much do you make per line? And why did you not ask my daddy to help you earn more?' - I do not like it. A blonde with blue eyes and (please, if you can) with black eyebrows. Neither pale, nor red, slim, tall, short, but pretty, neither possessed by demons, nor with trimmed hair, talkative but a homebody. She must:

Have a good handwriting, because I need a rewriter. But there's not much actual work involved.

Love the magazines which I work for and adhere to them.

Not read the "Razvlechenie", "Egenedel'noe Novoe Vremya", "Nana" and get not amused by the editorials of the "Moskovky Vedomosti"* and faint away from the same articles of the "Bereg".

Be able to sing, dance, read, write, cook, fry, roast, bake (but not burn), lend money to her husband, get tastefully dressed at her own expense (NB) and live in absolute obedience.

To not itch, hiss, squeak, scream, bite, grin, beat the dishes and make eyes at friends at home.

---

* These publications are contemporary literary and scientific journals.

Помнить, что рога не служат украшением человека и что чем короче они, тем лучше и безопаснее для того, которому с удовольствием будет заплачено за рога.

Не называться Матреной, Акулиной, Авдотьей и другими сим подобными вульгарными именами, а называться как-нибудь поблагороднее (например, Олей, Леночкой, Маруськой, Катей, Липой и т. п.).

Иметь свою маменьку, сиречь мою глубокоуважаемую тещу, от себя за тридевять земель (а то, в противном случае, за себя не ручаюсь) и

Иметь minimum 200 000 рублей серебром.

Впрочем, последний пункт можно изменить, если это будет угодно моим кредиторам.

Тысяча одна страсть, или Страшная ночь

Посвящаю Виктору Гюго

На башне св. Ста сорока шести мучеников пробила полночь. Я задрожал. Настало время. Я судорожно схватил Теодора за руку и вышел с ним на улицу. Небо было темно, как типографская тушь. Было темно, как в шляпе, надетой на голову. Темная ночь — это день в ореховой скорлупе. Мы закутались в плащи и отправились. Сильный ветер продувал нас насквозь. Дождь и снег — эти мокрые братья — страшно били в наши физиономии. Молния, несмотря на зимнее время, бороздила небо по всем направлениям. Гром, грозный, величественный спутник прелестной, как миганье голубых глаз, быстрой, как мысль, молнии, ужасающе потрясал воздух. Уши Теодора засветились электричеством. Огни св. Эльма с треском пролетали над нашими головами. Я взглянул наверх. Я затрепетал. Кто не трепещет пред величием природы? По небу пролетело несколько блестящих метеоров. Я начал считать их и насчитал 28. Я указал на них Теодору.

— Нехорошее предзнаменование! — пробормотал он, бледный, как изваяние из каррарского мрамора.

Ветер стонал, выл, рыдал... Стон ветра — стон совести, утонувшей в страшных преступлениях. Возле нас громом разрушило и зажгло восьмиэтажный дом. Я слышал вопли, вылетавшие из него. Мы прошли мимо.

Remember that the "tail" does not serve as an ornament of a man and the shorter it is, the better and safer it is for that person who receives it.

Not have names like Matrona, Akulina, Avdotya and other similar vulgar names, but be named somehow in a more noble way (eg, Olga, Lena, Marus'ka, Katya, Lipa and so on).

Have her own mum, that is to say, my dear mother-in-law, miles away from me (otherwise, I cannot vouch for myself) and

Have minimum of 200,000 silver roubles.

However, the last point can be changed if it pleases my creditors.

One Thousand and One Passions, or a Scary Night

Dedicated to Victor Hugo

Midnight struck on the tower of the one hundred and forty-six martyrs. I shivered. It was time. I frantically grabbed Theodore's hand and walked with him onto the street. The sky was as dark as printing ink. It was dark, as if a hat had been pulled over your eyes. A dark night is a day in a nutshell. We wrapped ourselves in coats and went out. A strong wind blew through us. The rain and the snow, those meteorological brothers, were beating our exposed faces. The lightning, despite it being winter time, was scouring the sky in all directions. The thunder, a formidable and majestic companion of the lightning, as attractive as blue eyes and as quick as thought, was shaking the air horribly. Theodore's ears were shining with electricity. The lights of St. Elmo crackled over our heads. I looked up. I shuddered. Who does not tremble beholding the majesty of nature? Some brilliant meteors flew across the sky. I began to count them and got to 28. I pointed them out to Theodore.
- It's a bad omen! - He murmured, looking as pale as a statue of Carrara marble.

The wind moaned, howled and cried... The wind's howl was the moan of conscience, drowned in terrible crimes. The thunder destroyed and inflamed an eight-storey house near us. I heard screams emanating from it. We passed by.

До горевшего ли дома мне было, когда у меня в груди горело полтораста домов? Где-то в пространстве заунывно, медленно, монотонно звонил колокол. Была борьба стихий. Какие-то неведомые силы, казалось, трудились над ужасающею гармониею стихии. Кто эти силы? Узнает ли их когда-нибудь человек?

Пугливая, но дерзкая мечта!!!

Мы крикнули кошэ. Мы сели в карету и помчались. Кошэ — брат ветра. Мы мчались, как смелая мысль мчится в таинственных извилинах мозга. Я всунул в руку кошэ кошелек с золотом. Золото помогло бичу удвоить быстроту лошадиных ног.

— Антонио, куда ты меня везешь? — простонал Теодор. — Ты смотришь злым гением... В твоих черных глазах светится ад... Я начинаю бояться...

Жалкий трус!! Я промолчал. Он любил ее. Она любила страстно его... Я должен был убить его, потому что любил больше жизни ее. Я любил ее и ненавидел его. Он должен был умереть в эту страшную ночь и заплатить смертью за свою любовь. Во мне кипели любовь и ненависть. Они были вторым моим бытием. Эти две сестры, живя в одной оболочке, производят опустошение: они — духовные вандалы.

— Стой! — сказал я кошэ, когда карета подкатила к цели.

Я и Теодор выскочили. Из-за туч холодно взглянула на нас луна. Луна — беспристрастный, молчаливый свидетель сладостных мгновений любви и мщения. Она должна была быть свидетелем смерти одного из нас. Пред нами была пропасть, бездна без дна, как бочка преступных дочерей Даная.* Мы стояли у края жерла потухшего вулкана. Об этом вулкане ходят в народе страшные легенды. Я сделал движение коленом, и Теодор полетел вниз, в страшную пропасть. Жерло вулкана — пасть земли.

— Проклятие!!! — закричал он в ответ на мое проклятие.

Сильный муж, ниспровергающий своего врага в кратер вулкана из-за прекрасных глаз женщины, — величественная, грандиозная и поучительная картина! Недоставало только лавы!

Кошэ. Кошэ — статуя, поставленная роком невежеству.

---

*In Greek mythology Danaus was the twin brother of Aegyptus and son of Belus, a mythical king of Egypt.

Should I have been concerned about the burning house if fifty houses were burning in my chest? Somewhere in space there was a plaintive, slow and monotonous ringing of bells. The elements were fighting. Some unknown forces seemed to be labouring to produce a horrific harmony of elements. Who were those forces? Will man ever know?

A shy but impudent dream!!!

We called a coachman. We got into the carriage and rushed. A coachman is a brother of the wind. We were racing as a bold idea rushes in the mysterious convolutions of the brain. I put a purse of gold into the coachman's hand. The gold helped his scourge to double the speed of horses' legs.

- Antonio, where are you taking me? - Theodore groaned. - You look like evil genius... Your dark eyes are lit with hell's fire... I'm starting to get afraid of...

Miserable coward!! I said nothing. He loved her. She loved him passionately... I had to kill him because I loved her more than my life. I loved her and hated him. He had to die on this terrible night and pay for his love with a terrible death. Love and hatred seethed in me. They were my second being. These two sisters, living in the same shell, produce devastation: they are spiritual vandals.

- Stop! - I told the coachman as the carriage drove up to our destination.

I jumped out with Theodore. A cold moon looked at us from behind the clouds. The moon is an impartial and silent witness of these sweet moments of love and revenge. It was to be a witness to the death of one of us. There was an abyss in front of us, an abyss without a bottom, as vast as the number of criminal daughters of Danaus. We stood at the edge of the crater of an extinct volcano. This volcano is rumoured to be full of terrible legends. I moved my knee and Theodore flew down into the terrible abyss. A volcano's crater is a portal to the very earth.

- Damn!!! - He shouted in response to my curse.

A strong man forcing his enemy into the crater of the volcano because of a beautiful woman's eyes is a majestic, grandiose and instructive picture! Only the lava was lacking!

The coachman was as indifferent as a statue of granite.

Прочь рутина! Кошэ последовал за Теодором. Я почувствовал, что в груди у меня осталась одна только любовь. Я пал лицом на землю и заплакал от восторга. Слезы восторга — результат божественной реакции, производимой в недрах любящего сердца. Лошади весело заржали. Как тягостно быть не человеком! Я освободил их от животной, страдальческой жизни. Я убил их. Смерть есть и оковы и освобождение от оков.

Я зашел в гостиницу «Фиолетового гиппопотама» и выпил пять стаканов доброго вина.

Через три часа после мщения я был у дверей ее квартиры. Кинжал, друг смерти, помог мне по трупам добраться до ее дверей. Я стал прислушиваться. Она не спала. Она мечтала. Я слушал. Она молчала. Молчание длилось часа четыре. Четыре часа для влюбленного — четыре девятнадцатых столетия! Наконец она позвала горничную. Горничная прошла мимо меня. Я демонически взглянул на нее. Она уловила мой взгляд. Рассудок оставил ее. Я убил ее. Лучше умереть, чем жить без рассудка.

— Анета! — крикнула она. — Что это Теодор нейдет? Тоска грызет мое сердце. Меня душит какое-то тяжелое предчувствие. О, Анета! сходи за ним. Он наверно кутит теперь вместе с безбожным, ужасным Антонио!.. Боже, кого я вижу?! Антонио!

Я вошел к ней. Она побледнела.

— Подите прочь! — закричала она, и ужас исказил ее благородные, прекрасные черты.

Я взглянул на нее. Взгляд есть меч души. Она пошатнулась. В моем взгляде она увидела всё: и смерть Теодора, и демоническую страсть, и тысячу человеческих желаний... Поза моя — было величие. В глазах моих светилось электричество. Волосы мои шевелились и стояли дыбом. Она видела пред собою демона в земной оболочке. Я видел, что она залюбовалась мной. Часа четыре продолжалось гробовое молчание и созерцание друг друга. Загремел гром, и она пала мне на грудь. Грудь мужчины — крепость женщины. Я сжал ее в своих объятиях. Оба мы крикнули. Кости ее затрещали. Гальванический ток пробежал по нашим телам. Горячий поцелуй...Она полюбила во мне демона. Я хотел, чтобы она полюбила во мне ангела. «Полтора миллиона франков отдаю бедным!» — сказал я. Она полюбила во мне ангела и

So much for mundane routine! The coachman followed Theodore. I felt that only love remained in my chest. I fell face down onto the ground and wept for joy. Tears of joy were the result of a divine reaction in the depths of a loving heart. The horses neighed in a merrily. How painful it is not to be human! I freed them from their suffering animal existence. I killed them. Death is the shackles and liberation from them.

I called at a hotel called "Purple Hippo" and drank five glasses of good wine.

Within three hours of committing my vengeful act I was at the door of her apartment. A dagger, a friend of death, helped me to get to her door through the corpses. I began to listen. She was not sleeping. She was dreaming. I was listening. She was silent. The silence lasted for about four hours. Four hours for a lover are four nineteenth centuries! Finally, she called her maid. The maid walked past me. I looked at her demonically. She caught my glance. Sanity left her. I killed her. It is better to die than to live without sense.

- Annette! - She cried. - Why is Theodore not coming? Longing is gnawing my heart. I am being choked by some heavy feeling. Oh, Annette! Go and get him. He must be out drinking with that ungodly, horrible Antonio!.. God, who do I see?! Antonio!

I went into her room. She turned pale.

- Go away! - She screamed, and horror fell on her noble, beautiful features.

I looked at her. A glance is the sword of the soul. She staggered. She saw everything in my glance: the death of Theodore and demonic passion and a thousand human desires... My posture was full of greatness. My eyes were shining with electricity. My hair stood on end. She saw a demon in earthly form. I saw that she admired me. The deathly silence and contemplation of each other lasted four hours. The thunder struck and she fell on my chest. A man's chest is a woman's castle. I squeezed her in my arms. We both cried. Her bones cracked. A galvanising current ran through our bodies. We kissed passionately...

She fell in love with the demon in me. I wanted her to be in love with the angel in me. 'One and a half million francs will be given to the poor!' I said. She fell in love with the angel in me and

заплакала. Я тоже заплакал. Что это были за слезы!!! Через месяц в церкви св. Тита и Гортензии происходило торжественное венчание. Я венчался с ней. Она венчалась со мной. Бедные нас благословляли! Она упросила меня простить врагов моих, которых я ранее убил. Я простил. С молодою женой я уехал в Америку. Молодая любящая жена была ангелом в девственных лесах Америки, ангелом, пред которым склонялись львы и тигры. Я был молодым тигром. Через три года после нашей свадьбы старый Сам носился уже с курчавым мальчишкой. Мальчишка был более похож на мать, чем на меня. Это меня злило. Вчера у меня родился второй сын... и сам я от радости повесился... Второй мой мальчишка протягивает ручки к читателям и просит их не верить его папаше, потому что у его папаши не было не только детей, но даже и жены. Папаша его боится женитьбы, как огня. Мальчишка мой не лжет. Он младенец. Ему верьте. Детский возраст — святой возраст. Ничего этого никогда не было... Спокойной ночи!

Что чаще всего встречается в романах, повестях и т. п.

Граф, графиня со следами когда-то бывшей красоты, сосед-барон, литератор-либерал, обедневший дворянин, музыкант-иностранец, тупоумные лакеи, няни, гувернантки, немец-управляющий, эсквайр и наследник из Америки. Лица некрасивые, но симпатичные и привлекательные. Герой — спасающий героиню от взбешенной лошади, сильный духом и могущий при всяком удобном случае показать силу своих кулаков.
Высь поднебесная, даль непроглядная, необъятная... непонятная, одним словом: природа!!!
Белокурые друзья и рыжие враги.
Богатый дядя, либерал или консерватор, смотря по обстоятельствам. Не так полезны для героя его наставления, как смерть.
Тетка в Тамбове.
Доктор с озабоченным лицом, подающий надежду на кризис; часто имеет палку с набалдашником и лысину. А где доктор, там ревматизм от трудов праведных, мигрень, воспаление мозга, уход за раненым на дуэли и неизбежный совет ехать на воды.

burst into tears. I also wept. What were the tears like!!! A month later, the wedding ceremony took place in the church of St. Titus and Hydrangeas. I got married to her. She got married to me. The poor blessed us! She begged me to forgive my enemies who I had previously killed. I forgave them. I went to America with my young wife. A young loving wife was an angel in the virgin forests of America, an angel, who was worshipped by lions and tigers. I was a young tiger. Three years after our wedding old Sam was already scampering with a curly-haired boy. The boy was more like his mother than me. That made me angry. Yesterday my second son was born... and I hanged myself with joy... My second boy stretches his hands to readers and asks them not to believe his dad because his dad neither had children, not even a wife. His father is afraid of marriage as well as of fire. My boy does not lie. He is a babe. Believe him. Children at that age are like saints. None of this has happened... Good night!

Elements Which are Most Often Found in Novels and Short Stories

A count, a countess with traces of her former beauty, a baron next-door, a liberal writer, an impoverished nobleman, a foreign musician, stupid valets, nannies, governesses, a German manager, an American gentleman. Ugly people, but relatively nice and attractive. The hero who saves the heroine from a frenzied horse is strong-willed and able at any opportunity to show the strength of his fists.
Celestial heights, impenetrable, incomprehensible, immense distances ... in one word: nature !
Blonde friends and red-headed enemies.
A rich uncle, liberal or conservative, depending on the circumstances. His death is more useful to the hero than his advice.
An aunt in Tambov.
A doctor with an anxious face, calming in a crisis; he often has a fancy cane. And where is the doctor? Wherever there is rheumatism caused by righteous works, migraines, inflammation of the brain, he is there to care for the wounded in a duel and give the inevitable advice to "take the waters".

Слуга — служивший еще старым господам, готовый за господ лезть куда угодно, хоть в огонь. Остряк замечательный.

Собака, не умеющая только говорить, попка и соловей.

Подмосковная дача и заложенное имение на юге.

Электричество, в большинстве случаев ни к селу ни к городу приплетаемое.

Портфель из русской кожи, китайский фарфор, английское седло, револьвер, не дающий осечки, орден в петличке, ананасы, шампанское, трюфели и устрицы.

Нечаянное подслушиванье как причина великих открытий.

Бесчисленное множество междометий и попыток употребить кстати техническое словцо.

Тонкие намеки на довольно толстые обстоятельства.

Очень часто отсутствие конца.

Семь смертных грехов в начале и свадьба в конце.

Конец.

Письмо к учёному соседу

Село Блины-Съедены[*]

Дорогой Соседушка.

Максим... (забыл как по батюшке, извените великодушно!) Извените и простите меня старого старикашку и нелепую душу человеческую за то, что осмеливаюсь Вас беспокоить своим жалким письменным лепетом. Вот уж целый год прошел как Вы изволили поселиться в нашей части света по соседству со мной мелким человечиком, а я всё еще не знаю Вас, а Вы меня стрекозу жалкую не знаете. Позвольте ж драгоценный соседушка хотя посредством сих старческих гиероглифоф познакомиться с Вами, пожать мысленно Вашу ученую руку и поздравить Вас с приездом из Санкт-Петербурга в наш недостойный материк, населенный мужиками и крестьянским народом т. е. плебейским элементом. Давно искал я случая познакомиться с Вами, жаждал, потому что наука в некотором роде мать наша родная, всё одно как и цивилизацыя и потому что сердечно уважаю тех людей, знаменитое имя и звание которых, увенчанное ореолом популярной славы, лаврами, кимвалами, орденами, лентами и аттестатами гремит как гром и молния по всем частям вселенного мира сего видимого и невидимого т. е. подлунного.

---

[*]The name of the village means "Eaten pancakes"

A servant who had served the old masters and is ready to go anywhere for his master, even into a fire. He has a wonderful wit.
A dog, capable of anything except speech, an ass and a nightingale.
A dacha outside Moscow and a mortgaged property to the south.
In most cases there is no electricity in the country or the city.
A portfolio of Russian leather, Chinese porcelain, English saddles, revolvers which never go off by mistake, pineapples, champagne, truffles and oysters.
Unintentional eavesdropping is always a source of great discoveries.
Countless interjections and attempts to use technical terms.
Subtle hints at complex circumstances.
Very often there is no real ending.
The Seven Deadly Sins at the beginning and a wedding at the end.
The End.

Letter to an Educated Neighbour

Bliny S'edanie Village

Dearest Neighbour
Maxim ... (I've forgotten your surename, please forgive me). Eksuse me and forgive me, the old geezer and ridiculous human soul who dares to disturb you with their pathetic written babble. It's already been a whole year that you deigned to livie in our part of the world next to little old me; but I still do not know you, and you have not got to know pathethic old me. Allow me my dear neighbour, through these clumsy skribbles, to meet you and shake your worthy hand, and to congratulate you on your arrival from St. Petersburg to our unworthy villedge, full of peasants and workers, i.e. the plebs.
I have wanted to me you for some time, I have looked forward to it, because in this culture of our beloved motherland, we respect those people with famous names, crowned by a halo of popular fame, laurels, cymbals, medals, ribbons and with praise booming like thunder and lightning on all parts of the universe that is seen and unseen.

Я пламенно люблю астрономов, поэтов, метафизиков, приват-доцентов, химиков и других жрецов науки, к которым Вы себя причисляете чрез свои умные факты и отрасли наук, т. е. продукты и плоды. Говорят, что вы много книг напечатали во время умственного сидения с трубами, градусниками и кучей заграничных книг с заманчивыми рисунками. Недавно заезжал в мои жалкие владения, в мои руины и развалины местный максимус понтифекс отец Герасим и со свойственным ему фанатизмом бранил и порицал Ваши мысли и идеи касательно человеческого происхождения и других явлений мира видимого и восставал и горячился против Вашей умственной сферы и мыслительного горизонта покрытого светилами и аэроглитами. Я не согласен с о. Герасимом касательно Ваших умственных идей, потому что живу и питаюсь одной только наукой, которую Провидение дало роду человеческому для вырытия из недр мира видимого и невидимого драгоценных металлов, металоидов и бриллиантов, но все-таки простите меня, батюшка, насекомого еле видимого, если я осмелюсь опровергнуть по-стариковски некоторые Ваши идеи касательно естества природы. О. Герасим сообщил мне, что будто Вы сочинили сочинение, в котором изволили изложить не весьма существенные идеи на щот людей и их первородного состояния и допотопного бытия. Вы изволили сочинить что человек произошел от обезьянских племен мартышек орангуташек и т. п. Простите меня старичка, но я с Вами касательно этого важного пункта не согласен и могу Вам запятую поставить. Ибо, если бы человек, властитель мира, умнейшее из дыхательных существ, происходил от глупой и невежественной обезьяны то у него был бы хвост и дикий голос. Если бы мы происходили от обезьян, то нас теперь водили бы по городам Цыганы на показ и мы платили бы деньги за показ друг друга, танцуя по приказу Цыгана или сидя за решеткой в зверинце. Разве мы покрыты кругом шерстью? Разве мы не носим одеяний, коих лишены обезьяны? Разве мы любили бы и не презирали бы женщину, если бы от нее хоть немножко пахло бы обезьяной, которую мы каждый вторник видим у Предводителя Дворянства? Если бы наши прародители происходили от обезьян, то их не похоронили бы на христианском кладбище; мой прапрадед например Амвросий, живший во время оно в царстве Польском, был погребен не как обезьяна, а рядом с абатом католическим Иоакимом Шостаком, записки коего об умеренном климате и неумеренном употреблении горячих напитков хранятся еще доселе у брата моего Ивана (Маиора). Абат значит католический поп.

I really love astronomers, poets, metaphysicians, university lecturers, chemists and other priests of science, ho you belong to by virtue of your clever facts and knowledge of agriculture, i.e. foods and fruits. They say that you have a lot of books published at the time intecuallals sat around with pipes and thermometers along with a bunch of foregn books with enticing pictures.

Recently the "Maximus pontifex" Father Gerasim called at my pathetic, ruined household and with his fanaticism scolded and reproached your thoughts and ideas about human origins and other phenomena of the visible world and heatedly rebelled against your mental disciplines and wide-ranging thoughts about light and erbal remedies. I do not agree with father Gerasim about your ideas, because I eat and breathe science, which Providence has given to the human race from the bowels of the visible and invisible world of precious mettals, non-mettals and gems stones, but still forgive little old me, sir, if I dare to disprove, in the old way, some of your ideas about the true nature of reality.

Father Gerasim told me that if you compose an essay to present your insignificant ideas on human beings and their original condition and their existence before the great flood. You saw fit to write that man descended from tribes of monkeys etc. Forgive me an old man , but I cannot agree with you on this important point and I will tell you why. For if a man, the master of the world, smartest of all the living creatures, descended from stupid and ignorant aps then we would have a tail and wild voice. If we came from monkys, then Gypsies would led us around the cities and we would pay money to look at each other, and we would dance on command. Or we would be sitting behind bars in a zoo. Are our bodies covered in fur? Don't we wear clothes, but what about the monkys? Should we love and not scorn a women, if she smells a little bit like the monkey, which we see every Tuesday at the Leader of the Nobility's house? If our ancestors were descended from monkys, then they would not buried in Christian cemeteries; my great-grandfather, for example Ambrose, who lived at the time the Kingdom of Poland was not buried like a monky, but next to the Catholic Abbat Joachim Shostak, whose notes on the temperate climate and immoderate use of hot drinks still guide my (older) brother Ivan. Abbat means a Catholic priest.

Извените меня неука за то, что мешаюсь в Ваши ученые дела и толкую посвоему по старчески и навязываю вам свои дикообразные и какие-то аляповатые идеи, которые у ученых и цивилизованных людей скорей помещаются в животе чем в голове. Не могу умолчать и не терплю когда ученые неправильно мыслят в уме своем и не могу не возразить Вам. О. Герасим сообщил мне, что Вы неправильно мыслите об луне т. е. об месяце, который заменяет нам солнце в часы мрака и темноты, когда люди спят, а Вы проводите электричество с места на место и фантазируете. Не смейтесь над стариком за то что так глупо пишу. Вы пишете, что на луне т. е. на месяце живут и обитают люди и племена. Этого не может быть никогда, потому что если бы люди жили на луне то заслоняли бы для нас магический и волшебный свет ее своими домами и тучными пастбищами. Без дождика люди не могут жить, а дождь идет вниз на землю, а не вверх на луну. Люди живя на луне падали бы вниз на землю, а этого не бывает. Нечистоты и помои сыпались бы на наш материк с населенной луны. Могут ли люди жить на луне, если она существует только ночью, а днем исчезает? И правительства не могут дозволить жить на луне, потому что на ней по причине далекого расстояния и недосягаемости ее можно укрываться от повинностей очень легко. Вы немножко ошиблись. Вы сочинили и напечатали в своем умном сочинении, как сказал мне о. Герасим, что будто бы на самом величайшем светиле, на солнце, есть черные пятнушки. Этого не может быть, потому что этого не может быть никогда. Как Вы могли видеть на солнце пятны, если на солнце нельзя глядеть простыми человеческими глазами, и для чего на нем пятны, если и без них можно обойтиться? Из какого мокрого тела сделаны эти самые пятны, если они не сгорают? Может быть по-вашему и рыбы живут на солнце? Извените меня дурмана ядовитого, что так глупо съострил! Ужасно я предан науке! Рубль сей парус девятнадцатого столетия для меня не имеет никакой цены, наука его затемнила у моих глаз своими дальнейшими крылами. Всякое открытие терзает меня как гвоздик в спине. Хотя я невежда и старосветский помещик, а все же таки негодник старый занимаюсь наукой и открытиями, которые собственными руками произвожу и наполняю свою нелепую головешку, свой дикий череп мыслями и комплектом величайших знаний. Матушка природа есть книга, которую надо читать и видеть. Я много произвел открытий своим собственным умом, таких открытий, каких еще ни один реформатор не изобретал.

Sorry my ignorance when I get mixed up in your intellectual matters and interpret them in my own way (as only an old man can) and I impose on you my own savage and somewhat lurid ideas, which scientists and civilized people would keep in their stomachs rather than in their heads. I can not keep silent and do not tolerate it when sceintists are wrong but keep it inside so I cannot object to it.

Father Gerasim told me that you are wrong about the moon i.e. our only satelite, which replaces our sun in the hours of gloom and darkness when people sleep. Yet you play with elektricity and fantasize. Do not laugh at this old man for writing so stupidly. You have written that there are people and animals living on the moon i.e. our only satellite. This can never happen, because if people lived on the moon their houses and pastures must be obscured by some kind of magical light. Also people can not live without rain, and the rain comes down to earth and not up to the moon. People living on the moon would fall down to the earth but has never happened. Their filth and slop would end up covering our land. How can people live on the moon, if it exists only at night and disappears during the day? And the government can't allow people to live on the moon because it would be to easy for them to hide and shirk their duties. You are a little mistaken.

You wrote and printed in your learned essays, father Gerasim told me, that supposedly there are black marks on the sun, the brightest light. That can not be, because it can never be. How can you see these marks when you cannot look at the son with mere human eyes? And why are there marks on it if you don't need them? What are these spots made of if they do not burn? Water? Maybe you even think that fish live in the sun? Forgive me that little dig, it was a bit too much!

I am terribly devoted to sceince! No amount of money has real value for me, science has replaced it my eyes. Every discovery torments me like a nail in the back. Although I am ignorant and old-world landowner, I'm still the same old rascal doing science and making discoveries with my own hands and fill this firebrand's skull with wild thoughts and the greatest nowledge.

Mother nature is a book that should be read and seen. I made a lot of discoveries with my own mind, discoveries that no reformer has

Скажу без хвастовства, что я не из последних касательно образованности, добытой мозолями, а не богатством родителей т. е. отца и матери или опекунов, которые часто губят детей своих посредством богатства, роскоши и шестиэтажных жилищ с невольниками и электрическими позвонками. Вот что мой грошовый ум открыл. Я открыл, что наша великая огненная лучистая хламида солнце в день Св. Пасхи рано утром занимательно и живописно играет разноцветными цветами и производит своим чудным мерцанием игривое впечатление. Другое открытие. Отчего зимою день короткий, а ночь длинная, а летом наоборот? День зимою оттого короткий, что подобно всем прочим предметам видимым и невидимым от холода сжимается и оттого, что солнце рано заходит, а ночь от возжения светильников и фонарей расширяется, ибо согревается. Потом я открыл еще, что собаки весной траву кушают подобно овцам и что кофей для полнокровных людей вреден, потому что производит в голове головокружение, а в глазах мутный вид и тому подобное прочее. Много я сделал открытий и кроме этого хотя и не имею аттестатов и свидетельств. Приежжайте ко мне дорогой соседушко, ей-богу. Откроем что-нибудь вместе, литературой займемся и Вы меня поганенького вычислениям различным поучите.

Я недавно читал у одного Французского ученого, что львиная морда совсем не похожа на человеческий лик, как думают ученые. И насчот этого мы поговорим. Приежжайте, сделайте милость. Приежжайте хоть завтра например. Мы теперь постное едим, но для Вас будим готовить скоромное. Дочь моя Наташенька просила Вас, чтоб Вы с собой какие-нибудь умные книги привезли. Она у меня эманципе, все у ней дураки, только она одна умная. Молодеж теперь я Вам скажу дает себя знать. Дай им бог! Через неделю ко мне прибудет брат мой Иван (Маиор), человек хороший но между нами сказать, Бурбон и наук не любит. Это письмо должен Вам доставить мой ключник Трофим ровно в 8 часов вечера. Если же привезет его пожже, то побейте его по щекам, по профессорски, нечего с этим племенем церемониться. Если доставит пожже, то значит в кабак анафема заходил. Обычай ездить к соседям не нами выдуман не нами и окончится,

made. I can say without boasting that I am not up-to date with the latest trend in education, dependant on hard, fisical labour, rather than supported by wealthy parents i.e. my mother and father, or guardian, who often spoil their children with wealth, luxury and six-storey dwellings with slaves and electrical devices.

That's what's going on in my simple mind. I discovered that early on the morning of Easter Sunday our great fiery radiant sun plays, carefully and artisticaly, on the many-coloured flowers and produces a marvellous show of colours. Another discovery. Why are winter days short and the nights long, and vise verza in the summer? Winter days are short because, like all other objects, visible and invisible, the sun is shrunk in the cold and because people use lots of lanterns this makes the nights warm so they expand. Then I discovered that dogs eat grass in the spring like sheep, and that coffee for hot-headed people is harmful because it produces dizziness in the head and their eyes cloud over and so forth.

I made a lot of other discoveries but I do not have the proof or recognition for them. Please come visit me, dearest neighbour, please. We'll investigate something together, or occupy ourselves with literature and you can teach this wretch some new mathematics. I recently read in one of the French scientist that the lion's mane is quite unlike human hair as was previously thought. We could discuss this. Pop over, I beg you. Pop in tomorrow for example. We don't have much to eat at the moment, but we'll cook up something tasty for you

My daughter Natasha has asked to have a look at some of the clever books you brought with you. She is my shining light, everyone else around her is stupid, she's the only bright one. I'll tell you about my son. God give me strength! A week ago my (elder) brother Ivan showed up, he is a good man, but let's just say he doesn't like Bourbon or sciences.

My housekeeper Trofim should deliver this letter to you at at exactly 8:00 pm. If he brings it later, then beat him roughly on the cheeks, don't stand on ceremony. If it's delivered later it means he'is been in the tavern.

The custom to visit our neighbours was not invented by us and it will not be destroyed by us,

а потому непременно приежжайте с машинками и книгами. Я бы сам к Вам поехал, да конфузлив очень и смелости не хватает. Извените меня негодника за беспокойство.

Остаюсь уважающий Вас Войска Донского отставной урядник из дворян, ваш сосед

Василий Семи-Булатов.

and therefore certainly pop in, and bring some cars and books. I would visit you, but I don't have the courage. Sorry to trouble you.

Respectfully yours, retired sergeant (Don Cossacks), your neighbour
Vasily Semi-Bulatov[*]

---

[*] A Cossack sounding surname roughly meaning "Seven-Steels" which refers to a kind of sword which has steel which has passed through seven levels of hardening.

Also available from JiaHu Books:

Chekhov – Short Stories to 1880
Russian - 9781784351212
Dual - 9781784351380

Chekhov – Short Stories of 1881
English - 9781784351489
Russian - 9781784351458

Лучшие русские рассказы — 9781784351229

Дядя Ваня — А. П. Чехов — 9781784350000

Три сестры — А. П. Чехов — 9781784350017

Вишнёвый сад — А. П. Чехов - 9781909669819

Чайка — А. П. Чехов — 9781909669642

Дуэль — А. П. Чехов — 9781784350024

Иванов — А. П. Чехов — 9781784350093

Шутки - А. П. Чехов — 9781784350109

Остров Сахалин - А. П. Чехов — 9781784351120

Русланъ и Людмила — А. С. Пушкин - 9781909669000

Евгеній Онѣгинъ — А. С. Пушкин — 9781909669017

Пиковая дама, Медный всадник, Цыганы — А. С. Пушкин — 9781784350116

Капитанская дочка — А. С. Пушкин — 9781784350260

Борис Годунов — А. С. Пушкин — 9781784350291

Стихотворения: 1813-1820 — А. С. Пушкин — 9781784350864

Анна Каренина — Л. Н. Толстой — 9781909669154

Детство — Л. Н. Толстой — 9781784350949

Отрочество — Л. Н. Толстой — 9781784350956

Юность — Л. Н. Толстой — 9781784350963

Смерть Ивана Ильича — Л. Н. Толстой — 9781784350970

Крейцерова соната — Л. Н. Толстой — 9781784350987

Так что же нам делать? — Л. Н. Толстой — 9781784350994

Хаджи-Мурат — Л. Н. Толстой — 9781784351007

Царство божие внутри вас... — Л. Н. Толстой — 9781784351113
Записки из подполья — Ф. Достоевский — 9781784350472
Бедные люди — Ф. Достоевский — 9781784350895
Повести и рассказы — Ф. Достоевский — 9781784350901
Двойник — Ф. Достоевский — 9781784350932
Рудин — И. С. Тургенев — 9781784350222
Записки охотника - И. С. Тургенев — 9781784350390
Нахлебник - И. С. Тургенев — 9781784350246
Отцы и дети — И. С. Тургенев - 978178435123
Ася — И. С. Тургенев — 9781784350079
Первая любовь — И. С. Тургенев — 9781784350086
Вешние воды — И. С. Тургенев — 9781784350253
Накануне — И. С. Тургенев — 9781784350512
Мать — Максим Горький — 9781909669628
Конармия — Исаак Бабель — 9781784350062
Человек-амфибия — А. Беляев - 9781784350369
Рассказ о семи повешенных и другие повести — Л. Н. Андреев — 9781909669659
Жизнь Василия Фивейского — Л. Н. Андреев — 9781784351182
Леди Макбет Мценского уезда и Запечатленный ангел - Н. С. Лесков - 9781909669666
Очарованный странник — Н. С. Лесков — 9781909669727
Некуда — Н. С. Лесков -9781909669673
Мы - Евгений Замятин- 9781909669758
Санин — М. П. Арцыбашев — 9781909669949
Двенадцать стульев — Ильф и Петров - 9781784350239
Золотой теленок — Ильф и Петров - 9781784350468
Мастер и Маргарита — М.А. Булгаков - 9781909669895
Собачье сердце — М.А. Булгаков — 9781909669536
Записки юного врача — М.А. Булгаков — 9781909669680
Роковые яйца — М.А. Булгаков — 9781909669840

Горе от ума — А. С. Грибоедов - 9781784350376

Рассказы для детей - Д. Хармс - 9781784350529

Евгений Онегин (Либретто) — 9781909669741

Пиковая Дама (Либретто) — 9781909669918

Борис Годунов (Либретто) — 9781909669376

Руслан и Людмила (Либретто) — 9781784350666

Жизнь за царя (Либретто) - 9781784351250

Борислав сміється - Іван Франко - 9781784350789

Украдене щастя — Иван Франко - 9781784351069

Чорна рада — Пантелеймон Куліш - 9781909669529

Раскіданае гняздо/Тутэйшыя - Янка Купала – 9781909669901

www.ingramcontent.com/pod-product-compliance
Lightning Source LLC
Chambersburg PA
CBHW020015050426
42450CB00005B/487